品质课程聚焦丛书
王雪梅　杨四耕　主编

建构
学校课程框架

孙　波 ◎ 主编

全国教育科学"十三五"规划课题
"区域推进中小学品质课程建设的实践研究"
（课题编号 FHB180571）之研究成果

华东师范大学出版社
·上海·

图书在版编目（CIP）数据

建构学校课程框架/孙波主编.—上海：华东师范大学出版社，2022
（品质课程聚焦丛书）
ISBN 978-7-5760-2597-2

Ⅰ.①建… Ⅱ.①孙… Ⅲ.①课程建设-教学研究-小学 Ⅳ.①G622.3

中国版本图书馆CIP数据核字（2022）第034904号

品质课程聚焦丛书
建构学校课程框架

丛书主编　王雪梅　杨四耕
主　　编　孙　波
责任编辑　刘　佳
项目编辑　林青荻
特约审读　向　颖
责任校对　王丽平　时东明
装帧设计　卢晓红

出版发行　华东师范大学出版社
社　　址　上海市中山北路3663号　邮编 200062
网　　址　www.ecnupress.com.cn
电　　话　021-60821666　行政传真 021-62572105
客服电话　021-62865537　门市（邮购）电话 021-62869887
地　　址　上海市中山北路3663号华东师范大学校内先锋路口
网　　店　http://hdsdcbs.tmall.com

印 刷 者　浙江临安曙光印务有限公司
开　　本　787×1092　16开
印　　张　14.75
字　　数　131千字
版　　次　2022年6月第1版
印　　次　2022年6月第1次
书　　号　ISBN 978-7-5760-2597-2
定　　价　48.00元

出 版 人　王　焰

（如发现本版图书有印订质量问题，请寄回本社客服中心调换或电话021-62865537联系）

丛书编委会

主 编
  王雪梅 　杨四耕
编 委
  孙　波　 李德山　 崔春华　 裴文云　 李　红　 廖纯连　 苏家云
  刘文芬　 王慧珍　 牛旌丽　 柴　敏　 吴长生　 裴章云　 刘　兵

本书编委会

主 编
  孙　波
副主编
  李德山　 王慧珍
成 员
  吕碧雯　 赵　青　 孙传华　 王瞻权　 李　友　 宋执斌　 许晓艳
  宋方达　 余国飞

丛书总序

自2015年以来，我们在合肥市蜀山区推进"品质课程"项目，致力于学校课程文化变革，改变区域课程改革生态。这些年，我们深刻地感受到，课程是一种文化存在，文化是课程的存在方式和存在本身。

怀特海指出，过程是世界万物固有的本性。[①]在他看来，"事件"和"事物"不同：事件是唯一的，是不可重复的；而事物则是自然之物，是永恒的。[②]据此，我们认为，课程文化不仅仅是事物的集合，更是事件的生成。我们可将课程文化理解为事件之展开而非仅仅是事物之集合，由此所展现的将是课程文化要素、课程文化形态、课程文化主体共同构成的一幅立体兼容的文化图景。

从"事物"角度看，课程文化是课程形态和课程实践蕴含的价值、信仰、规范以及语言等文化要素的合生体，这些文化要素构成了课程文化的基质。因此，课程文化是一种信仰、一种语言、一种规范、一种眼光、一种思维方式、一种处理问题的方式，它们具体表现为课程精神文化、行为文化、制度文化以及物质文化。课程文化要素的相互摄入以及微观生成，构成学校课程文化变革的内在过程。在怀特海看来，把具体要素据为己有的每一过程叫作摄入。[③]"摄入"理论从微观层面说明了现实存在自我生成的内在机制。

课程精神文化、行为文化、制度文化以及物质文化诸要素相互摄入进而存在于另一存在之中，成为相互依存的合生体。在这个合生体中，课程精神文化是最核心的、最深层的、根部性的文化要素，是课程物质文化、制度文化与行为文化的价值凝练和理念引领。课程制度文化是具有中介性质的文化，它联结课程物质文化和行为文化，既是课程物质文化的制度保证，又是课程

[①] 怀特海.过程与实在：宇宙论研究（修订版）[M].杨富斌，译.北京：中国人民大学出版社，2013.
[②] 陈奎德.怀特海哲学演化概论[M].上海：上海人民出版社，1998.
[③] 杨富斌，等.怀特海过程哲学研究[M].北京：中国人民大学出版社，2018.

行为文化的规约机制。课程行为文化是课程文化的表现，既受课程精神文化的直接影响，又受课程制度文化的现实规范。课程物质文化处在表层，是课程精神文化、课程行为文化和制度文化的空间和载体。如此，课程文化诸要素相互摄入、相互作用，共同构成课程文化的深层结构。

课程文化变革过程包含"物质性摄入"与"概念性摄入"，[①]这两种摄入是多维关联的重构过程，其中微观生成是生动活泼而丰富多彩的。一般地说，学校课程文化诸要素之间的相互摄入，其中课程精神文化居于核心地位，它体现于其他各要素之中。课程文化变革可以从课程文化的部分要素开始，以点带面，但要实现课程文化彻底转向，或要真正提升学校课程品质，就必须整体协调课程文化之各要素，就要以"文化的眼光"或"思维方式"进行这种摄入行动的思考和判断。

以上是课程文化的"事物观"及其变革机理。在这里，我想再说一个观点，那就是：课程文化不是简单的要素组合，而是一个展开的事件。正如巴迪欧在《存在与事件》一书中所言：真理只有通过与支撑它的秩序决裂才得以建构，它绝非那个秩序的结果；我把这种开启真理的决裂称为"事件"；真正的哲学不是始于结构的事实（文化的、语言的、制度的等），而是仅始于发生的事件，始于仍然处于完全不可预料的突现的形式中的事件。[②]从"事件"角度看，课程文化是一个不可能重复出现的生成过程，处于不断运动变化之中。作为"事件"的课程文化之真理即是在完整的课程实践中成就人、发展人和完善人。

课程文化是学校里公开的或隐蔽的信念、行为、习惯和价值观等要素相互"包含""进入""创造""构成"的"合生"事件，它融合了课程的物质和精神两个层面的意涵，它不仅包含课程意识、课程理念、课程价值等内隐的精神文化形态，而且包含学校课程实践过程中所创造的课程物质、课程制度以及课程行为等外显的文化形态，是诸要素相互参与和多维互动的创造过程，是"事件"的生成与发生过程——因为"文化的每一个方面都是一个能够改

---

① 怀特海认为，对现实存在的摄入——其材料包含着现实存在的摄入——叫作"物质性摄入"；对永恒客体的摄入叫作"概念性摄入"。参阅：杨富斌，等.怀特海过程哲学研究［M］.北京：中国人民大学出版社，2018.

② Alain Badiou. Being and Event［M］. London: Continuum International Publishing Group, 2006.

变文化的创造源，都是非常主动的创造性力量"①。

一种文化首先意味着一种眼光，眼光不同，对所有事情的理解就不同。②课程文化是我们做事的眼光、处事方式或思维习惯，是生长着的"事件"，是我们理解课程实践、推进课程变革的眼光。当然，课程文化虽然是一个"事件"，但在本体论意义上，课程文化仍然是一种不易感知的实在。人类学家指出，人们一般意识不到他们身边的文化，因为此类文化表现为平常的生活，表现为看上去正常和自然的东西。文化以无意识的状态或者说未被检查的状态悄悄地让我们做出选择、进入生活。③

但是，这并不妨碍我们认识课程文化，我们仍然可以用智慧感知课程文化的存在，我们仍然可以用眼睛捕捉课程物质文化、制度文化、行为文化和精神文化。课程物质文化是以物质形态存在的设施和空间，这是课程文化赖以存在的物质基础与场域条件；课程制度文化是学校制定的规约课程实践的活动程序和价值规范，是学校课程变革过程中形成的价值体系和活动规则；课程行为文化是行为主体在长期的课程实践过程中形成的处理课程事务的一以贯之的行为方式，这种行为方式具有长期稳定性、潜意识性和无需提醒等特点；课程精神文化是学校课程文化的核心，是主导学校课程实践的理念和精神，通常会借助富有哲理的语言加以概括。这些课程文化要素，我们可以"看见"它们的合生性存在，也可以"分辨"它们的原子性存在。

我们的结论是：课程与文化有着天然的血肉联系，凡是课程变革一定是文化变革，没有文化内核的课程变革很难取得成功；文化变革需要课程建设支撑，没有课程支撑的文化变革是不可思议的。怀特海指出，现实存在就是合生，每一个现实存在都不是只有一种元素的简单的存在，不是原子论意义上的存在，而是由诸多要素构成的合生或有机体。④在学校课程变革过程中，课程与文化二者"合生"即生成课程文化。课程与文化的"合生"设计，是学校课程文化变革的重要方法。

在具体操作上，推进学校课程文化变革有两条道路可供选择。第一条道

---

①② 赵汀阳.赵汀阳自选集［M］.桂林：广西师范大学出版社，2000.
③ 约瑟夫，等.课程文化［M］.余强，译.杭州：浙江教育出版社，2008.
④ 怀特海.过程与实在：宇宙论研究（修订版）［M］.杨富斌，译.北京：中国人民大学出版社，2013.

路是自上而下的演绎道路，实现从文化概念到课程设计的"合生"。首先确定学校课程哲学，包括学校课程理念、课程愿景、育人目标和课程目标。其次，厘定学校育人目标和课程目标。再次，梳理学校课程框架，设计学校课程内容。复次，活跃学校课程实施，使课程功能最大化。最后，把握学校课程评价和管理。如此，课程文化建设是从文化概念建构开始的，由此展开学校课程整体规划，实现从文化概念到课程设计的"合生"。

第二条道路是自下而上的归纳道路，实现从课程实践到文化逻辑的"合生"。学校课程文化建设实际上也是学校文化决策过程，每一所学校都有自己的文化背景，包括周边的文化资源、历史传统、现实经验，这是学校课程文化变革的客观基础，也是学校课程哲学生长的土壤，"土质"的不同导致学校课程哲学追求的不同。在分析学校课程情境的基础上，对学生的需求进行调查，了解现有课程的实施情况，发现学校课程中存在的问题；根据学校课程情境分析和学生需求调查，形成学校课程哲学，明确学校的育人目标和课程目标；基于课程价值需求分析，建构学校课程框架与体系；布局学校课程实施的多维途径和多种方式，确保课程实施的有序与有效；制定一套课程管理制度，保障课程变革顺利推进；制定一套评估方法，对课程品质进行评估。这是由课程实践到文化逻辑的"合生"过程。

合肥市蜀山区"品质课程"项目实践表明，学校课程文化变革可以是演绎式，也可以是归纳式。演绎式可理解为"概念先行——实践验证"方式；归纳式可理解为"实践探索——归纳提升"方式。课程是具有情境性和价值负载的文本，学校课程文化变革宜采取"理论、研究与实践互动"的方式。这种方式不完全依赖于概念或理论，也不脱离学校实际情境。在学校课程实践中，以学校课程情境为基础，以课程的实际问题为切入点，以理论为指导，以概念为圆心，边研究边行动，在实践中总结提炼，又在实践中加以验证与改造，在理论与实践的互动互补、碰撞对话中生成学校独有的课程文化框架。

马克思说："全部社会生活在本质上是实践的。凡是把理论引向神秘主义的神秘东西，都能在人的实践中以及对这种实践的理解中得到合理的解决。"[1]

---

[1] 马克思恩格斯选集（第1卷）[M].中央编译局，译.北京：人民出版社，1995.

合肥市蜀山区"品质课程"项目探索告诉我们：实践是课程文化价值实现的根本途径，是推进学校课程文化变革的关键力量。学校课程文化变革必须为行动提供充分的理据，从而使得行动趋于合理化，增强学校文化变革的认同感和一致性。在某种意义上，这也是一种文化自觉。

杨四耕

2021年2月5日于上海市教育科学研究院

目录

前　言 —— 1

第一章　追本溯源，理清课程来源 —— 1

儿童、学科和社会是制约学校课程的三大因素。把握学校课程来源必须认真分析儿童、学科和社会。建构学校课程框架需要把握三个"整合"：一是课程与育人为本的目标整合，二是课程与不同学科间相关联部分的整合，三是课程与社会发展的整合。在课程设计过程中，将这三个"整合"统筹思考，彼此促进，最终实现儿童的综合素质发展，是学校课程框架建构的一般方法。

第一节　让美好童年香气四溢 / 5
第二节　培育香气四溢的儿童 / 8
第三节　让儿童浸润在醇美稻香中 / 10
第四节　让美好与孩子们相伴相随 / 16

第二章　认清核心，明确课程理念 —— 35

课程理念是教育者对教育教学活动的基本态度和观念，是教育者在工作中始终秉持的信条，是课程建设的灵魂和支点。课程理念为学校课程的建构提供方向性的指导，它的确立应当建立在对现实的分析以及对未来的展望之上。在推进课程改革的过程中要始终明确三个理念：以人为本、联系生活、灵活开放。

第一节 激发每一个孩子内在的灵性 / 38
第二节 让每一个孩子如琥珀般充满灵性 / 41
第三节 用灵性的课程激活每一个孩子的生机 / 43
第四节 让灵性在成长中绽放 / 47

第三章　循序渐进，设置课程目标 —— 59

目标是对活动结果的预期及主观设想，课程目标是课程本身要实现的目标和意图，是课程实施过程中努力的方向，它应当定位于教育内部的教育与学生的关系。作为学校课程的设计者应当做到有的放矢，设计具体化、可测量的课程目标，厘清课程架构，建构个性化学校课程。

第一节 让每个孩子成为展翅的凤凰 / 62
第二节 让每一个孩子成长为"至美少年" / 64
第三节 "小凤凰课程"促学生全面提升 / 66
第四节 全面落实"小凤凰课程"提升办学品质 / 77

第四章　立德树人，把握课程内容 —— 95

课程内容的选择是建构课程框架时的基本关注点之一。关于这一选择国内外很多学者都做了相关的研究探讨，尽管学者之间的观点各不相同，但都明确了课程内容选择的重要性。课程内容的选择是建构学校课程框架的基本要素，许多建构课程框架的问题都是围绕课程内容而展开。只有正确把握了课程内容，才能让课程框架的建构向正确的方向发展。

  第一节 把满爱教育视为学校育人的根本 / 98
  第二节 让满爱教育滋润每一个孩子 / 101
  第三节 用满爱教育撒下希望的种子 / 104
  第四节 以满爱教育让花儿在这里绽放 / 110

第五章 有条不紊，推进课程实施 —— 117

  课程实施是根据课程目标实现预期教育结果的手段，是一个动态变化的过程。派纳说："课程不再是一个事物，也不仅是一个过程。它成为一个动词，一种行动，一种社会实践，一种私人的意义，一种公共的希望。"课程实施就是孩子将知识活跃内化的过程。学校和教师应当在具体的课程活动中根据教学实际情况对课程进行适当的调整和改进。

  第一节 让每一个孩子感受美好年华 / 120
  第二节 怡心怡身，美人美己 / 124
  第三节 让孩子在怡美探索中享受快乐 / 127
  第四节 让每一个孩子在怡然美好中成长 / 131

第六章 灵活多元，创新课程评价 —— 135

  课程评价最基本的作用是导向、诊断和激励。创新课程评价，追寻好课标准，是构建框架的重要环节。在构建学校课程框架中要将课程评价作为关注点，对课程框架结构进行不断优化和改进。在评价过程中要注重学生成长发展，实施综合素质评价，加强质性评价，使其更适应小学生的学习特点。

第一节　让每一个孩子尽情释放天性 / 138

第二节　给每个孩子一对灵动的翅膀 / 141

第三节　真情实感在灵动课堂里流露 / 144

第四节　在灵性课程里相遇美好 / 163

第七章　行之有效，落实课程管理　── 179

课程管理在学校课程框架构建中极为重要，是确保学校课程框架顺利建构的重要基础。在学校课程框架构建过程中，不应该将关注点都集中在课程内容、课程实施、课程评价等方面，而应该更多地关注学校课程的管理。最新一轮课程改革提出的三级管理制度，在构建课程框架中赋予学校更大的主动性，深刻体现了开放、自由、民主的课改精神。

第一节　向着美好奔跑 / 182

第二节　在奔跑中成就美好少年 / 185

第三节　将美好无限延伸绽放 / 187

第四节　描绘课程的美好光芒 / 201

后　记　── 212

前言

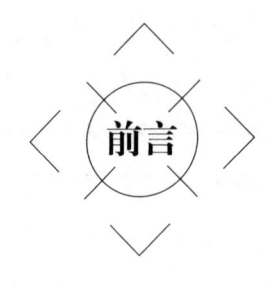

伴随学校课程改革推进的步伐，学校被赋予了更大的课程自主权，各个学校的课程改革和创新实践如雨后春笋般不断涌现。学校课程作为国家意志和教育理想的载体，对于深化基础教育改革，促进学校特色化教学具有重要影响。学校课程的建设应当围绕立德树人这一根本任务展开，因此，构建德智体美劳全面发展的教育体系是学校课程的重要任务。

学校课程整体规划要真正围绕教育的主体"儿童"展开。将课程内容、课程实施、课程评价等有机整合，将培养儿童的核心素养作为学科融合的导向，形成以学校教育哲学为基础，满足儿童身心发展需要，符合认知规律，适应社会发展的学校课程体系。

教育不仅能够决定国家未来的发展，而且寄托着广大人民对子孙后代的殷切期望。而优质的教育要求的就是优质的课程，因此从课程的规划阶段开始就要严格求真。在学校课改实施的当下，学校课程要符合国家、地方、学校三级管理制度，从开发建设到贯彻实施再到评价改进，每一个过程都需要符合专业规范。学校课程的建设要抓住两个要点：一是根据国家颁布的课程标准，在国家课程的教学范围内完成立德树人的工作；二是依据本校的教育理念，充分利用本校的特色资源开发出满足学生多样化发展需求的学校课程。[①]

从当前的学校课程发展情况来看，各级各校对学校课程开发都抱有极大的热情。笔者因从事中小学一线教育工作，从而有较多的机会接触到相关学校的学校课程规划工作，对此也有相应的了解。学校积极参与学校课程的开

[①] 刘丽丽，林秀艳.从薄弱走向优质：学校课程发展的路径选择——基于16所新品牌建设校调研结果的分析[J].基础教育课程，2020（06）：26-33.

发与建设固然是可喜的一面，但对于如何开发出优质的学校课程却较为茫然，往往走入误区，一些问题日益显现。

一是学校课程沦为纸面工程。部分学校误将学校课程的开发与教材的编写画上等号，课程的实施固然离不开教材的辅助，但绝不仅仅是落于纸面的工作。真正意义上的学校课程开发应当是根据学校的实际需求和教育哲学，经过审慎地调查、评估、分析后制定的课程开发规划。

二是课程内容忽视学生需求。教育的根本目的就是育人，学生才是教育的主体。学校课程建设的根本任务就是满足学生的身心发展需要，可结合学校特色和当地资源，从而充分发挥师生在课程中的主体作用。而从当前的学校课程建设过程中不难发现，课程的开发往往忽视了学生的声音，大多数学校的课程开发还停留在行政层面，没有对学生的需求进行调查了解，违背了学校课程建设的初衷。

三是课程设计无核心无系统。部分学校在设计课程时常常忽视对教师力量的整合安排，多以任务分派的形式安排教师完成，为了课程设计而设计，导致课程内容零散，既无核心课程的设置也无整体课程的规划，使得学校课程的开发常处于混乱无序的状态。学校课程的规划应当从全局出发，系统设计，分工协作，以科学一体的学校课程建构作为课程开发的指南针。

四是课程开发与课程实施背道而驰。在学校课程的实施过程中也暴露出诸多问题。例如在创造性拓展性课程的教学活动中，学生的学习方式仍然是机械的被动学习或简单的模仿学习；在实践性活动课程中缺乏合理的评价和管理体系；照本宣科现象严重，将活动课程等同学科课程等。[①]

这些问题在学校课程的开发、建设、实施过程中常有发生，不一而足。因此需要对学校课程进行系统的规划，确保围绕"立德树人"这一教育核心，结合各校的校情特色、办学理念、教育哲学等，制定清晰明确的学校课程目标，开发出真正兼顾学科知识、社会发展、学生身心发展的学校课程体系。

在日新月异的现代社会，促进学生个性化发展已经是教育变革的主流。统一的课程目标和内容已经不能满足个人和社会发展的需要，特色化的学校

---

① 柯珊，刘汝明.中小学课程规划的现状研究——基于HD区学校课程规划文本的分析［J］.天津师范大学学报（基础教育版），2019，20（02）：68-72.

课程应运而生。而如何才能开发出一个优质的学校课程，这是每一个课程开发者首先要思考的问题。从当前学校课程的弊病中，我们发现解决问题要从根本上入手，即在学校课程开发时就要建立起一个完整严密、符合逻辑的课程框架，进而在框架中不断填充、完善、改进。

（一）明确课程开发方向

学校课程的开发不能是随意的、盲目的。学校作为课程开发的主体，首先需要切实深入研究自身的教育哲学和教育目的，根据学校的自身条件及特点来确定学校课程的开发方向。学校的教育哲学是学校师生共同的教育信仰，应当包括学校的教育理念、发展定位以及育人目标等。一所优秀的学校应当具有特色化的教育理念，清晰的学校发展愿景，以及对育人这一教育目标的独特理解和把握。

学校课程的开发应当以本校校情为基础，以课程体系为架构，以教育理念和育人目标为灵魂，以课程的实施评价为填充，共同构建学校课程体系。在进行课程开发之前学校首先要解决几个问题：一是学校需要完成怎样的教育使命；二是用什么教育理念指导办学；三是培养什么样的学生；四是如何培养学生。这些问题让课程的规划有的放矢，目标明确。因此，明确课程理念，梳理学校哲学是构建学校课程的第一步。

（二）以培养学生核心素养为导向

明确的学校课程理念是课程开发的理论基础，可如何落实课程理念成为了第二个问题。长久以来学校执行的都是传统的分学科课程体系，这与核心素养的培养方式不太一致。素质教育将培养学生把握学科知识的本质特征和"跨学科"的知识联结的能力视作教育的重心。在课程规划的过程中，学校需要进一步思考：如何在学校课程中培养学生的核心素养，打通学科间的壁垒，解决学科知识间的割裂和重复。学校需要进行统筹规划，可以依据德智体美劳五育并举设计，也可以按照其他不同类别的素养来构建适合本校的学校课程逻辑。

学校课程对学科的整合不仅需要基于学科的特点，还要考虑学生完整发展的需要。学科的整合不仅是学科知识的整合，也是学习方法、教师教研、校内外资源的整合。学校课程以核心素养作为学科整合的关键，促进学生的终身发展。

（三）满足学生个性化发展

学生是独特的人，在进行学校课程整体建构时应当尊重学生的个性化发展和多样化需求，为孩子们提供更全面、更充实、更适合的课程，即多元化的学校课程。对学生而言，种类更多、层次更多才能选择更多，学校课程作为国家课程的补充和拓展，可以针对本校学生推出更多个性化课程。通过选修课、实践课等形式为学生提供自由选择的空间和权利，满足学生的多元化、个性化发展。

选修课程一定要突出课程的可选性，学校可依据国家的课程标准，进行细化，充分利用本土资源，选择贴近学生学习、生活的素材，进一步实现对国家课程的拓展延伸，提升课程的深度和广度。

（四）促进学生终身发展

学生是发展中的人，学校课程的设计也应当按照学生身心发展的顺序，以时间为轴设计课程路径，使得课程随着孩子的生长而成长。针对不同阶段的孩子设计学校课程，抓住发展的"关键期"，即学生最合适的教育契机，帮助学生"跳一跳"达到"最近发展区"。

学校课程在设计时不仅可以进行学科的融合，也可以进行年级的融合，例如小学低学段一、二年级的学校课程可以根据学生的认知特点，多主题探索，进行课程内容的整合和重组，以孩子的"全人发展"为目标。而高学段的学校课程可以以培养学生的自我认识、自我规划、自我成长为目标，利用社会资源，帮助孩子进一步认识自我，认识世界。通过学校课程的引导，让孩子在课堂、活动、实践、探索、合作中得到身心的全面发展，也为孩子未来的成长铺平道路，受益终身。

（五）开发"活的课程"

课程也是具有生命的，它需要系统的开发，适时的评价，及时的调整。时代在进步，学生在发展，教育理念在不断革新，这些变化都敦促教育者对课程进行调整、改进、完善。不光学科知识是课程，自然、文化、实践也都是课程，让学生加入课程的创生过程，多元化的课程更有助于实现教育的育人目标。

学校课程要真正将教育的时间和空间贯通，将校内和校外的资源拓展联结，将课程的宽度、广度和深度不断延伸。作为学校课程的开发者和建设者，学校需要充分利用人力资源、课程资源，使得学校课程不断找到新的增长点，为教育革新提供动力。

（撰稿者：赵　青　吕碧雯）

第一章

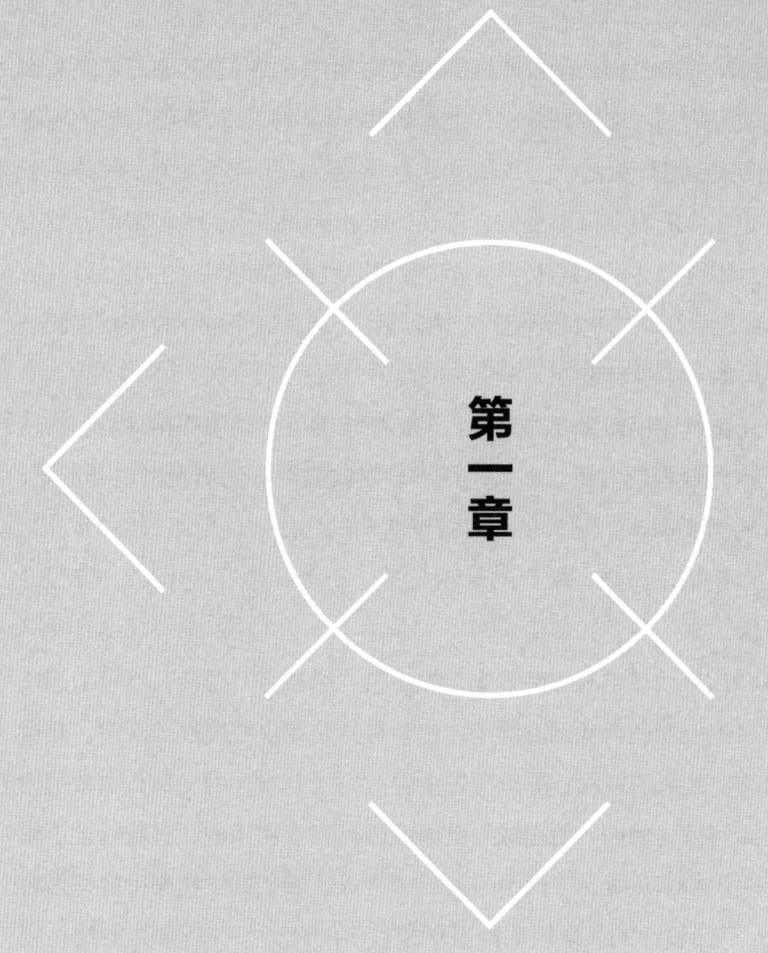

追本溯源，理清课程来源

儿童、学科和社会是制约学校课程的三大因素。把握学校课程来源必须认真分析儿童、学科和社会。建构学校课程框架需要把握三个"整合"：一是课程与育人为本的目标整合，二是课程与不同学科间相关联部分的整合，三是课程与社会发展的整合。在课程设计过程中，将这三个"整合"统筹思考，彼此促进，最终实现儿童的综合素质发展，是学校课程框架建构的一般方法。

课程建设和变革是推动学校发展的重要动力之一，因此国家近年来高度重视学校的课程规划。想要开发出行之有效的学校课程，首先要回答的问题就是：课程的来源是什么？

课程是随社会的发展而演变的，反映一定社会的政治、经济要求，受一定社会生产力和科学文化发展水平以及学生身心发展规律的制约。也就是说，儿童、学科和社会是制约学校课程的三大因素。[①]因此，把握学校课程来源必须认真分析儿童、学科和社会。

首先，儿童是课程最重要的来源。无论框架的外形是怎样构建的，其基点的核心应当是课程的对象，即人的培养。学校教育作为教育的主要形式，肩负着育人的重要职责。儿童是一切教育活动的出发点，也是最终的归宿。培养人是教育的根本所在，教育的专职任务与使命就在于"育人"，"育人"是其核心内涵。

我国著名儿童教育学家陈鹤琴先生提出的"活教育"理论，倡导中国儿童的教育发展不仅要适合我国的国情，也要符合儿童身心发展的规律。儿童是教育的目的，是活的课程。陈鹤琴先生说："对于儿童，做父母，做教师的责任，便是如何教导他们，使之成为健康活泼，有丰富知识，有政治觉悟和良好体现的现代中国儿童，现代中国人。"[②]今天，我们的学校课程就是为着"现代中国人"而设计的。学校课程是学校教育的载体，课程体系的建构要围绕促进儿童的自由、全面、完整的发展进行，以儿童为中心，关注儿童的个性和主题建构，最终发展成完整的人。儿童作为教育的对象，同时也是主动发展着的人，应该成为教育课程内容的根本来源。儿童在课程学习中主动、积极、持续地投入，正是儿童不断成长的过程。

其次，学科是课程最直接的来源。学科课程是学校课程体系中的重要组成部分，课程框架的建构需要立足于学科，通过对特色学科的建设进一步实现整个课程框架的建构。在保证国家课程目标实现的前提下，学校应对学科内部知识进行纵向整合，学科间的知识进行横向整合，超学科整合，不断促进课程框架体系的完善与发展。

---

① 拉尔夫·泰勒.课程与教学的基本原理（英汉对照版）[M].北京：中国轻工业出版社，2008：6-44.
② 陈鹤琴.陈鹤琴教育思想读本：活教育[M].南京：南京师范大学出版社，2012：3-12.

整合后的学科课程结构基本为"基础类课程+拓展类课程+研究类课程",这三者并不是各自独立的,彼此既有区别也有联系。学科课程的整合要从学生发展水平出发,充分考虑学生个体差异,课程框架中的学科既要有为全体学生共同提供的基础课程,又要有为学生不同的发展兴趣提供的拓展和研究类课程。另外,学校应当分配好各类学科课程在整体课程框架建构中的比例,使得各类学科的比例均衡,从而达到学科内容的优化,促进学生全面发展。

最后,社会是学校课程最关注的来源。教育的本质就是有目的有意识地培养人的社会活动,因此教育不能脱离社会而存在,我们的课程需要关联世界。作为教育者,当我们去开发、设计、改革课程的时候,要面对的首要问题是:如何处理课程开发和社会发展间的关系?儿童是课程的参与者,也是未来社会的建设者,我们要培养立足于社会中的人,因此课程开发的过程中也要考虑到将改造社会作为儿童价值导向的一部分。

总之,作为学校课程的开发者、建设者,我们需要理清课程的主要来源:一是课程与育人为本的目标相整合;二是课程与不同学科间相关联部分的整合;三是课程与现代社会发展相整合。[1]在课程的设计和建设过程中,要将这三个课程来源进行统筹整合,彼此促进,最终实现学生综合素质的发展。

(撰稿者:赵 青)

学校坐标 合肥市稻香村小学
课程模式 稻香村课程:让美好童年香气四溢

合肥市稻香村小学创办于1949年,是一所与共和国同龄的公办学校。2011年8月,学校搬迁至岳西路新校址。2018年8月,合肥市稻香村小学教育集团成立,下设岳西路校区和望江路校区两个校区。2020年8月,又添新成员——肥西路校区。

学校秉承着悠久的办学历史,践行着踏实奋进的"醇香文化"精神,保

---

[1] 谢建伟.课程是用来关联世界的[J].教育观察,2019,8(05):57-60.

持着良好的社会声誉。近年来，学校先后荣获全国体育工作示范校，全国语言文字规范化示范校，全国规范汉字书写特色学校，全国青少年校园足球项目布点学校，国家语言文字推广基地（目前是全国唯一一所获此称号的小学），全国文明校园，安徽省经典导读先进学校，安徽省现代教育技术实验校，安徽省群众体育先进学校，安徽省小学语文校本教研工作基地学校，安徽省语言文字示范校，合肥市特色学校，合肥市素质教育示范校，合肥市课题实验优秀学校，合肥市德育工作先进单位，合肥市首批、第二批、第三批教科研基地等荣誉称号。

曾有诗云："雨过城荫碧淑长，画龙彩鹞斗芳塘。使君心似冰壶月，不闻荷香闻稻香。"岁月悠悠的溯源，为稻香村小学代代学子带来了传统文化的书墨之香。学校以"让美好与孩子们相伴相随"为办学理念，以"品性有香、身体有力、读书有味、习惯有成、劳动有得"为育人目标，形成了浓厚的"醇香文化"特色。

"挟乒足一体，享儒墨之风"，稻香村小学的学生博文约礼、知行合一；稻香村小学的老师敬业爱生、笃学精技。悠久的历史书写了稻香村小学光辉灿烂的篇章，如今的学校已经成为教育科研的沃土、师生发展的乐园、社会信赖的品牌。

第一节

让美好童年香气四溢

稻香村小学的课程哲学，依据学校已有的文化积淀和特色基础，立足于儿童发展的必备品格和关键能力，指向学生生命成长的自觉追求。基于此，学校提出"醇香教育"的教育哲学。

一、学校教育哲学

学校确立了基于校名、契合校情的教育哲学："醇香教育"。"醇香教育"的"香"，取自校名"稻香村小学"中的"香"字，也涵盖着德香修身、书香启智、汗香健体、艺香怡情、技香勤耕的课程愿景。

在稻香村小学里，教育是一种浸润，气质儒雅的师生，言行自带幽兰之香。书香、墨香随处可以寻觅到，书本、知识的引领对于儿童是可感的、可触碰的。

儿童具有蓬勃的生命力，是世界的未来，是人类的希望，每一个孩子，都是上天赐予我们的最美好的天使。儿童是自然的存在，每个儿童都有着巨大的发展潜力，作为一个独立的个体，儿童所具有的特性应该被成人不断认知，重新审视。所以我们的儿童观是：每一个孩子都是美好的。

我们认同杜威的"学校即社会"观点：人们在社会中参加真实的生活，才是身心成长和改造经验的正当途径。所以教师要把教授知识的课堂变成儿童活动的乐园，引导儿童积极自愿地参与活动，从活动中逐渐养成品德和获得知识，实现生活、生长和经验的改造，使每一个孩子的生命基调饱满，色彩缤纷，充满美好的趣味。

基于上述的分析和考虑，我们提出"让美好与孩子们相伴相随"的办学理念。我们的教育信条是：

我们坚信，

学校是儿童活动的乐园；

我们坚信，

每一个孩子都是美好的天使；

我们坚信，

教育是书香的浸润、行为的引领；

我们坚信，

向着美好生长是学校教育最美的姿态；

我们坚信，

让生命成为美好的印记是教育的神圣使命。

二、学校课程理念

陶行知先生说："教育即生活，社会即学校"，我们希望能够模拟出一个小型的社会，一个大千世界的缩影，让孩子们置身其中，充分感受真善美，启迪智慧，施展才华，让教育对孩子们产生伴其一生的影响力。因此，我们将学校的课程理念确定为：让美好童年香气四溢。这意味着：

——**课程即带香味的知识**。"稻香村课程"是引领思考、增长见识的课程。为了生存，人们必须掌握各种各样的知识。然而，仅仅知道这些知识是没有多少实际作用的，必须将冷冰冰的知识提升为有宽度、有广度的"见识"，也就是"眼界"。在"稻香村"里，孩子们学习的是"带香味的知识"，需要潜心思考，用心感悟，是较为独特而完整的认知，是对于知识的消化吸收、提炼综合，最终成为具有个性特征的见识，让孩子们获得满足感、幸福感。

——**课程即广阔的世界**。"稻香村课程"是以小见大、浓缩精华的课程。杜威认为"学校即微缩的社会"，学校既应该呈现儿童现在的社会生活，又应该是一种生动简化的存在，即"缩小到雏形的一种状态"。我们通过课程建构出一个内涵丰富，广阔而美好的学习环境。通过体验、合作探究等方式，使孩子们在"做中玩，玩中学"，学会服务，学会合作，学会沟通，学会自我指导。从校内学习延伸到校外学习，让孩子们走出教室小课堂，走进社会大课堂。

——**课程即美好的拥有**。"稻香村课程"是引领孩子走向美好、拥有美好回忆的课程。我们的愿景是：学校有浓浓的书香味，更有暖暖的人文情。在美好的校园，孩子们心怀美好的愿望，培育美好的人格，奠定美好的未来，打造美好的人生。在和谐温润的环境中，我们的教师也成为具有开阔视野、美好情怀、理性素养的美好教育人。

总之，课程就是让美好童年飘香，让成长美好相伴。我们的"稻香村课程"将会开启每一个孩子的生命成长之旅，用浓浓书香润泽童心，用广阔世界引领孩子成长！

第二节

培育香气四溢的儿童

为了培育香气四溢的儿童，学校将育人目标分年级细化，形成"稻香村课程"目标，具体如下（见表1-1）。

表1-1 合肥市稻香村小学"稻香村课程"目标表

育人目标＼课程目标＼年段	低 年 级	中 年 级	高 年 级
品性有香	1.喜欢和老师、同伴交流，尊敬师长，能和同伴和睦相处。 2.能欣赏自己和他人的优点与长处，正视自己的不足并不断改进。 3.有集体荣誉感，能完成班级与学校的各项任务，爱班爱校，爱护公共物品。	1.热爱生活，诚实守信、友爱宽容、热爱集体、乐观向上。 2.心中有榜样，并以此激励自己不断进步。 3.增强集体意识，培养合作能力，乐于分享、帮助他人。	1.珍爱生命，自尊自主、公平公正、团结合作、有责任心。 2.能够与他人平等地交流与合作，学会沟通，有较强的组织协调能力。 3.学会控制和调整自己的情绪，并懂得帮助、安慰他人。
身体有力	1.培养运动的兴趣和爱好，学习基本的身体活动方法和体育游戏。 2.在体育运动中学会正确的锻炼方法，养成良好的习惯。 3.乐于参加新的体育活动和比赛，在活动中增加兴趣与能力。	1.体验体育活动带来的乐趣，引导儿童养成积极主动参与体育活动的意识。 2.积极主动参加体育运动，增强体质。 3.乐于学习不同的体育活动方法，发展体能。	1.热爱体育运动，能掌握1～2项体育项目技能，形成坚持锻炼的习惯。 2.科学参与体育锻炼，学习和应用运动技能。 3.关注自己健康，学会通过体育活动来缓解压力，增强体质。

（续表）

育人目标＼课程目标＼年段	低 年 级	中 年 级	高 年 级
读书有味	1. 在学习中，培养儿童爱国主义情感，初步掌握听、说、读、写、算等技能。 2. 初步学会用普通话正确、流利、有感情地朗读，感受阅读的乐趣，喜欢阅读。 3. 能认真听别人讲话，有表达的自信心，积极参加讨论。 4. 诵读积累自己喜欢的儿歌、儿童诗和古诗等，背诵优秀诗文50首。课外阅读总量不少于5万字。	1. 学习兴趣浓厚，热爱祖国，善于观察，乐于思考，进一步掌握相应的听、说、读、写、算等技能。 2. 能借助字典、词典和生活积累，帮助阅读，初步感受作品中生动的形象和优美的语言，体会文章表达的思想感情。 3. 乐于与同学交流，能清楚明白地讲述见闻，说出自己的感受和想法。 4. 养成阅读习惯，积累优美词语、精彩句段，背诵优秀诗文，课外阅读总量不少于40万字。	1. 热爱祖国，热爱学习，能主动进行探究性学习，在实践中学习，运用听、说、读、写、算等技能。 2. 在交流和讨论中，敢于提出看法，初步领悟文章的基本表达方法。受到优秀作品的感染和激励，向往和追求美好的理想。 3. 注意语言美，能根据环境和场合，稍作准备，做简单的发言。表达有条理，语气、语调适当。 4. 诵读积累优秀诗文，体会作品的内容和情感。背诵优秀诗文，扩展阅读面。课外阅读总量不少于100万字。
习惯有成	1. 能养成遵守学校的各项规章制度的习惯。 2. 对自然现象或生活中的问题有探究的兴趣。并习惯尝试用不同的方法进行探究活动，乐于动手实践。 3. 能认真听别人讲话，努力了解讲话的主要内容，并能表达自己的观点。能自然大方、有礼貌地与别人交谈。	1. 能主动遵守学校的各项规章制度和社会公德。 2. 注意观察，乐于参与有意义的活动，养成良好的学习习惯。 3. 有与同学分享、讨论的习惯。能认真倾听，能就不理解的地方向人请教，就不同的意见与人商讨。	1. 能积极、主动遵守学校的各项规章制度和社会公德，抵制不良风气。 2. 养成主动表达自己的想法的习惯，逐步提高语言的表达能力和概括能力。 3. 在课堂的探究活动中，掌握学习方法，提高独立探究与合作交流的能力。提高思维能力，增强学习技能。
劳动有得	1. 培养儿童的劳动意识及良好的行为习惯。 2. 积极参与校内的劳动活动，在家能帮父母做些力所能及的家务劳动，在校能学会基本的劳动技能。 3. 在劳动中有安全意识。	1. 通过劳动，做到良好习惯的培养和不良习惯的矫正相结合，促进儿童全面发展。 2. 在劳动中掌握基本的劳动技术及热爱劳动的品质，提高劳动技能。 3. 注意劳动中的安全。	1. 树立正确的劳动观点，懂得劳动的伟大意义。 2. 在劳动中磨砺品质，进行劳动光荣、节约资源等教育，让劳动与社会更好地"链接"。 3. 注意劳动中的安全问题。

第三节

让儿童浸润在醇美稻香中

课程体系要以提高学生的素质为核心，重视学生个性的健康发展。我校的"稻香村课程"旨在培养"品性有香，身体有力，读书有味，习惯有成，劳动有得"的醇香少年，切实体现以社会需求、学科体系和学生发展为基点，培育学生的基本素质和健康个性，为学生的发展服务。

一、学校课程逻辑

学校设置如图1-1所示的课程逻辑图，从而构成完整的"稻香村课程"体系。

教育哲学	→	醇香教育
办学理念	→	让美好与孩子们相伴相随
课程理念	→	让美好童年香气四溢
课程模式	→	稻香村课程

课程结构：

修身堂	启智馆	健体廊	怡情社	勤耕园
学科课程、年级社团课程、人文与科学素养课程、班队会课程、入学课队、毕业课程、清明祭英烈……	学科课程、年级社团课程、读书节课程、醇美语文课程、智慧数学课程、Fun英语节……	学科课程、年级社团课程、运动会、游戏节课程、阳光体育课程、稻香杯校园赛事	学科课程、年级社团课程、艺术节课程、校园小主持人大赛、灵动音乐课程、醇真美术节课程……	学科课程、年级社团课程、园艺课程、静待花开种植节、环境保护课程……

课程实施：醇香课堂 醇香学科 醇香节日 醇香之旅 醇香赛事 醇香社团 醇香家庭 醇香主题 醇美仪式

育人目标：→ "品性有香，身体有力，读书有味，习惯有成，劳动有得"的醇香少年

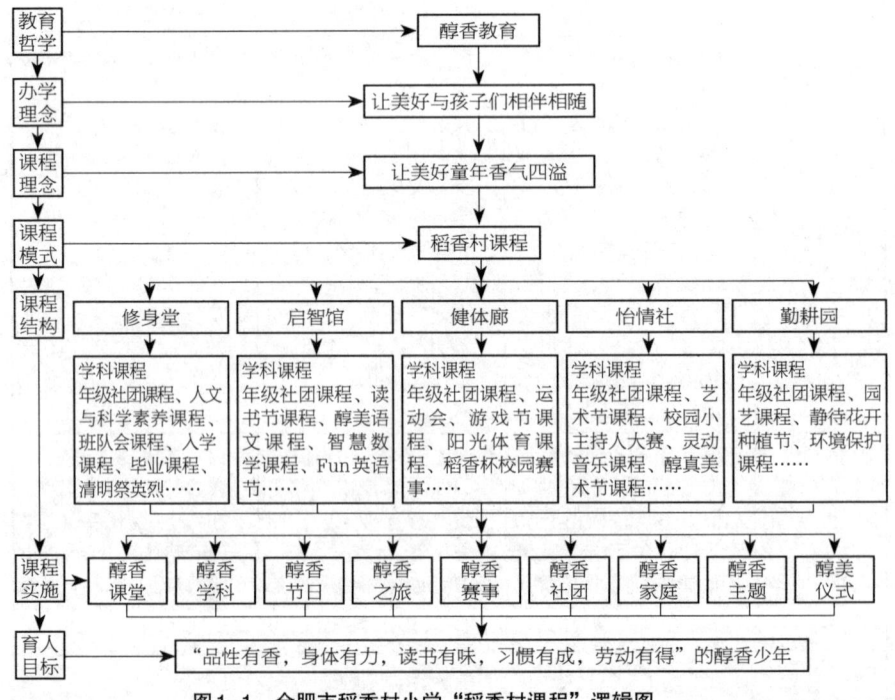

图1-1 合肥市稻香村小学"稻香村课程"逻辑图

二、学校课程结构

我们国家教育的核心目标是培养"德智体美劳"全面发展的社会主义建设者和接班人，要五育并举，培养全面发展的人。在我校的育人目标里，"品性有香，身体有力，读书有味，习惯有成，劳动有得"为学生全面发展提供了切实可依的标准。学校据此设置了稻香村课程的五大课程模块：修身堂、启智馆、健体廊、怡情社、勤耕园（见图1-2）。

图1-2 合肥市稻香村小学"稻香村课程"结构图

1. **修身堂**：修身堂课程旨在对学生进行孝亲敬长、修己善友、待人接物、礼仪社交、合作互助、热爱家国等方面的教育。课程将道德情操、价值观念、人格修养等方面作为教育的重点，着力培养校园谦谦君子，塑造醇美翩翩少年。

2. **启智馆**：启智馆课程基于学科的逻辑体系而建立，目的是开启孩子的智慧，促进孩子掌握学科知识经验。此课程的开设不仅是为了发掘孩子的学习能力，适应科学社会化、社会科学化的进程，还有利于孩子获得对世界的整体认识，有利于培养孩子的创新精神和解决实际问题能力。

3. **健体廊**：健体廊课程通过开展丰富的体育活动，激发孩子的运动天性，掌握必要的体育知识，促进孩子的身心健康。课程在增强身体素质，提高知识和能力，养成良好的体育习惯的同时，注意培养孩子的道德和意志品质，促进智力的发展，对于培养孩子的审美情趣也有积极作用。

4. **怡情社**：怡情社课程涵盖了音乐、美术、戏剧、舞蹈以及影视、书法、篆刻等艺术形式和表现手段，对孩子的艺术知识、艺术能力、艺术涵养产生深刻的影响。孩子通过不断地学习，获取艺术知识、技能以及欣赏与创造等方面的艺术能力，提高生活情趣，形成优良品质，塑造健全人格，其艺术能力和人文素养也会得到全面提升。

5. **勤耕园**：勤耕园课程强调实践探究，是动脑与动手、体验与探索相结合的课程。它包括生活劳动，家务劳动，社会劳动等内容。课程注重引导孩子崇尚劳动、尊重劳动，在劳动实践中培养勤劳肯干、诚实朴素、善于创造的良好品质。通过课程学习使儿童亲近自然，回归生命的本质，实现以劳树德、以劳增智、以劳促技、以劳益美、以劳创新的教育目的。

三、学校课程设置

根据儿童的发展特点，以学科发展的需要为实质线索，学校设置了相关的课程内容。课程设计要贴近儿童生活，培养学习习惯和基本能力，以及广泛的兴趣，促使每个孩子浸润在醇香校园之中，成为会思考、善学习、勤践行、更卓越的人。"稻香村课程"的生活化、具身化特质，促使儿童在道德教化中提升修养，在阅读思考中启发智慧，在运动锻炼中强健体魄，在艺术习得中陶冶情操，在劳动耕作中勤朴励志。学校据此设定了"德香修身、书香启智、汗香健体、艺香怡情、技香勤耕"的课程建设目标，分年段课程内容如下（见表1-2）。

表1-2 合肥市稻香村小学"稻香村课程"内容设置表

课程内容＼年级	修身堂	启智馆	健体廊	怡情社	勤耕园
稻香一村上册	道德与法治 走进经典 少先队活动 研学游 读书节 入学课程 稻香启蒙馆 稻香阅读馆	语文 数学 英语 科学 唱响ABC 稻香科学妙妙屋 智慧数学	体育 安全与健康 稻香游乐园 风火轮俱乐部 开心球童 体育节 游戏节	音乐 美术 涂鸦小屋 童声小乐队 啦啦操	综合实践 稻香蔬果园 小脚丫旅行社
稻香一村下册	道德与法治 走进经典 少先队活动 研学游 绘本故事廊 小小书法家	语文 数学 英语 科学 我爱拼拼乐 走进机器人 奇幻七巧板	体育 安全与健康 稻香小诊所 稻香小军人 方圆棋社	音乐 美术 百变折纸 稻香游乐园 艺术节	综合实践 稻香菜市场 巧手泥塑馆 静待花开种植节
稻香二村上册	道德与法治 走进经典 少先队活动 研学游 读书节 稻香私塾	语文 数学 英语 科学 英语绘本屋 小书虫俱乐部	体育 安全与健康 乒乓小将 快乐足球 旋风俱乐部 体育节 游戏节	音乐 美术 口风琴 五彩天地 儿童舞蹈 叶画小学堂	综合实践 稻香蔬果园
稻香二村下册	道德与法治 走进经典 少先队活动 研学游 小小书法家 探索地理	语文 数学 英语 科学 稻香科学妙妙屋 快乐机器人 童谣天地 卡通时刻	体育 安全与健康 少儿击剑 少儿啦啦操 方圆棋社	音乐 美术 纽扣乐园 稻香花戏楼 艺术节	综合实践 稻香菜市场 茧花堂 静待花开种植节 稻香消防局
稻香三村上册	道德与法治 走进经典 少先队活动 研学游 读书节 稻香私塾 礼仪大世界	语文 数学 英语 科学 信息技术 转转乐（魔方） 金话筒广播站 科学王国 科技节	体育 安全与健康 玩转空竹 溜溜滑板车 体育节 游戏节	音乐 美术 巧手泥塑馆 彩艺坊画室	综合实践 稻香烘焙馆 布艺轩

（续表）

课程内容 年级	修身堂	启智馆	健体廊	怡情社	勤耕园
稻香三村 下册	道德与法治 走进经典 少先队活动 研学游 书法小能手	语文 数学 英语 科学 信息技术 STEAM课程 闪电速算 我手写我心	体育 安全与健康 快乐足球 篮球少年 开心游戏	音乐 美术 快乐小舞台 快乐折纸——花卉 艺术节	综合实践 绿野苗圃 编织社 静待花开种植节
稻香四村 上册	道德与法治 走进经典 少先队活动 研学游 读书节 稻香国学院 五洲旅行团	语文 数学 英语 科学 信息技术 稻香书苑 思维港湾 科学王国 科技节	体育 安全与健康 稻香武馆 奔跑俱乐部 飞扬的毽子 体育节 游戏节	音乐 美术 手偶剧团 稻香美发屋 快乐折纸——服饰	综合实践 稻香烘焙馆 百变回收站
稻香四村 下册	道德与法治 走进经典 少先队活动 综合实践 研学游 十岁生日 书法小能手 故事大王	语文 数学 英语 科学 信息技术 航模天地 缤纷英语 演讲与口才	体育 安全与健康 篮球少年 花式集体跳绳 方圆棋社	音乐 美术 妙音坊 诗画天地 篆刻天地 艺术节	综合实践 绿野苗圃 稻香烘焙馆 静待花开种植节
稻香五村 上册	道德与法治 走进经典 少先队活动 研学游 读书节 稻香国学院 正义小法庭 民俗文化园	语文 数学 英语 科学 信息技术 无人机 科学探秘队 稻香视听城 科技节	体育 安全与健康 田径俱乐部 稻香武馆 体育节 游戏节	音乐 美术 五彩编织社 悦动空竹 鼓韵社	综合实践 稻香小厨房
稻香五村 下册	道德与法治 走进经典 少先队活动 研学游 清明祭英烈 书法小能手 军事天地	语文 数学 英语 科学 信息技术 作家街 原音重现 科学创客秀	体育 安全与健康 灌篮高手 排球小子 方圆棋社	音乐 美术 开心吉他 环保创意魔术师 鼓韵社 艺术节	综合实践 美味西餐厅 静待花开种植节

（续表）

课程内容 年级	修身堂	启智馆	健体廊	怡情社	勤耕园
稻香六村 上册	道德与法治 走进经典 少先队活动 研学游 读书节 稻香国学院 文学创想 神奇博物馆	语文 数学 英语 科学 信息技术 趣味编程 稻香报馆 科技节 游戏节	体育 安全与健康 篮球少年 炫酷绳艺 体育节 游戏节	音乐 美术 快乐剪吧 葫芦丝 心灵驿站	综合实践 稻香小厨房 服装设计室
稻香六村 下册	道德与法治 走进经典 少先队活动 研学游 毕业课程 探索历史	语文 数学 英语 科学 信息技术 建筑大观园 奇幻魔方	体育 安全与健康 田径俱乐部 体操少年 方圆棋社	音乐 美术 雅韵茶艺 开心吉他 立体剪折纸 艺术节	综合实践 美味西餐厅 慧心刺绣 静待花开种植节

第四节

让美好与孩子们相伴相随

课程实施是课程理念落地的过程,是孩子经历成长、教师提升能力、学校办学理念落实、文化生成的过程。据此,我校从"醇香课堂、醇香学科、醇香节日、醇香之旅、醇香赛事、醇香社团、醇香家庭、醇香主题、醇美仪式"九个途径推进课程深度实施,设置合理评价体系。让孩子在丰富多彩的稻香村课程中成长,让美好与孩子们相伴相随。

一、构建"醇香课堂",落实学校课程

充实而有趣味的课堂是课程落实的有效载体。我们的醇香课堂是充满生命气息的教育,让每个孩子在课堂中自主学习、主动发展、愉悦成长。

(一)"醇香课堂"的要义与操作

"醇香课堂"有其独特的内涵:

1. 饱满。师生情绪饱满,教师悦纳欣赏孩子,儿童的心灵在教师的关注和爱护中得到滋养和润泽,潜能得到释放,个性差异得到尊重;儿童积极向上,有旺盛的生命力;课程设置合理,每个学段的孩子都能找到适合自己的课堂,课程内容丰富多样,课堂有活力有张力;课后收获丰硕,儿童不仅收获知识,身心均能健康成长。

2. 童趣。课程的设置符合儿童心理,符合儿童认知。孩子能从丰富饱满的课堂中找到趣味,找到快乐。课堂富有童真和趣味,以儿童为主体,尊重儿童的体验和感受,用多种形式、多样化的活动、实践、体验、探索、学习,使孩子能够在学中玩,玩中学,在课堂上感受快乐,保有童心。

3. 生动。好的课堂是立体的、灵动的。教师带给孩子生动的内容，孩子在参与每节课的过程中动脑、动手、动眼，这才是是活起来的课堂。儿童就像花朵，一朵有一朵的形态，一人有一人的特质。在醇香课堂中，每个孩子都有充分绽放自己的机会，个性得到发展。

4. 智慧。醇香教育如美酒的酿造，需要人们开启陈酿已久的酵坛，让其散发弥久的香气。孩子们的智慧与健康，需要老师用心开启。教育孩子要时至而行，顺机而动，让孩子在课堂中学会正确看待世界的方法，能够理解他人，大方得体地待人处世。智慧是有香味的，如果说教师是春风，儿童则像青青小草，在智慧的课堂中如沐春风，繁茂生长。

5. 深远。教育的本质在于不断创新，满足每一个儿童的好奇心。孩子们在课堂中释放灵性，放飞梦想，成为世界和未来的希望。醇香课堂在内容丰富的同时，弘扬学校深厚的底蕴和文化，传播经典和真善美的教育。

我们的每个学科都赋予了醇香课堂更加细致的内涵，使醇香课堂理念在不同的学科中落地生根。

（二）"醇香课堂"的评价标准

学校依据国家课程标准，在"稻香村课程"教学目标的引领下，制定了契合孩子身心发展需求的课堂评价体系，形成了高效可行的"醇香课堂"评价标准。学校特制定合肥市稻香村小学醇香课堂评价标准量表如下（见表1-3）。

表1-3 合肥市稻香村小学"醇香课堂"评价标准

评价项目	具 体 要 求	优秀	良好	合格	待合格
目标	1. 教学目标清晰明确，既要契合教学内容，又要符合儿童身心认知； 2. 教学目标重心突出。着重关注学生的学习兴趣、学习习惯和学习方法。				
内容	1. 把握教材准确，拓展资源丰富； 2. 重难点把握准确，并有所突破； 3. 关注孩子学习经验和认知水平，内容有儿童性和趣味性，是传播美的教育。				

(续表)

评价项目		具 体 要 求	优秀	良好	合格	待合格
过程	孩子	1. 学习情绪满、兴趣浓、善思维； 2. 学习勤实践、常探索、爱合作； 3. 学习常倾听、善评价、爱表达。				
	教师	1. 教学情绪满、观念新、懂尊重； 2. 教学善创造、重体验、有个性； 3. 教学重技能、善探究、启思维。				
效果		1. 每个孩子都能感受到成功的喜悦； 2. 每个孩子的学习热情被激发，体会到学习的快乐。				
总评						
备注						

二、建设"醇香学科"，全面丰富学校课程

学科是保障学校办学质量、凸显办学特色的重要路径。"醇香学科"是稻香村小学推进特色学科建设的有效路径和实施策略。

丰富的课程能塑造孩子们的个性，我们致力于建构自己独特的"课程图谱"或"课程坐标"，重视孩子的实践学习。学校依据各学科课程标准的要求，构建了以下学科课程群。

1. "醇美语文"课程群。"醇美语文"课程实施途径多样：在扎实朴素的课堂中、在丰富多彩的节日中、在个性张扬的社团中、在创意非凡的行走中、在斗志昂扬的赛事中……"醇美课堂"饱满、童趣、生动、智慧、深远，是儿童生命拔节的课堂，是儿童心灵滋养的课堂，是儿童享受成长的课堂；"醇美节日"以节日拓宽语文学习途径，以活动创新语文课程的实施，面向全体师生，感受审美乐趣，采撷文字曼妙，锻炼交际能力，展示自信风采，让儿童在文字的有声世界中绽放光彩，让节日的欢庆中浸润书香；"醇美社团"为儿童提供多样化、个性化的自由展示空间，舒展个性，让儿童像青青的小草，在丰富的社团活动中如沐春风，繁茂生长；"醇美之旅"告诉儿童生活即语文，让学生用双脚去丈量世界，用双眼感知世界，用心灵触摸世界，促进学生将书本知识和生活经验深度融合；"醇美赛事"让儿童在丰富有趣的语文赛事中

激发兴趣、树立理想、展示自我，不断提高语文素养。

2."醇慧数学"课程群。"醇慧数学"从打造"醇慧课堂"、组建"醇慧部落"、开发"醇慧微课程"、举办"醇慧节日"、乐享"醇慧假期"等多个方面进行课程实施及评价。在打造"醇慧课堂"中，学校精心设计了"主题单元"教学，课堂实施"醇慧小先生自主学习"教学模式，让儿童通过自主、合作和交流等多种学习方式，实现数学知识的自主建构；通过运用数学知识和思想方法解决问题，实现能力的提高，从而提升儿童数学核心素养。在组建"醇慧部落"中，学校根据儿童的年龄和认知特征组建了各种"醇慧部落"，有"稻香统计局""思维港湾社""数学绘本屋"等，儿童可以根据自己的兴趣进行选择。

3."Fun英语"课程群。"Fun英语"以国家课程标准为引领，以建设更全面融合的综合性英语学习为目标，包括：Fun英语智慧课堂、充满个性的fun英语微课程、充满童趣的Fun英语嘉年华、张扬个性的Fun club和Fun Corner、灵活多样的Fun假期课程及跨越时空的E-studying……我们要尊重儿童的个体差异，帮助儿童认识自我、建立自信，积极鼓励儿童自我认知、自我理解和自我解读，通过发挥英语学科课程的综合优势，让儿童在真实的语言活动中，实现对英语语言的深度学习，在运用语言的过程中发展思辨能力，塑造品格，让儿童的语言学习更丰富完整和智慧高效。

4."阳光体育"课程群。"阳光体育"课程，以促进学生身体、心理和社会适应能力整体健康水平的提高为目标，构建了多领域的课程结构，整合了多学科的相关知识；以培养学生全面发展，增强综合素质为目标，使每位学生不断提高健康意识、养成良好的锻炼习惯和卫生意识；以学生兴趣为目标，不断更新教学方法，提高学生的兴趣，能积极进行体育锻炼。只有激发学生参加运动的兴趣，才能够使学生自主地进行锻炼，从而培养学生终身体育锻炼的意识，这是实施素质教育和培养德智体美全面发展人才不可缺少的重要途径。

5."灵动音乐"课程群。"灵动音乐"是让儿童在多种学习方式中，了解文化知识、音乐发展，不断完善审美，提升核心素养。儿童在学习过程中与时俱进，了解不同时代社会发展，了解、传承各个历史阶段人类音乐文明的发展，吸纳优秀音乐文化，提高自身的审美情趣。"灵动音乐"面向全体儿童，引导他们在音律的世界找寻属于自己的创造空间，用动作、声音、节奏等各种形式，表现自己对音乐的理解，对艺术的感知，形成个人对音乐独特的思考；"灵动音乐"搭建了各个学科之间融合的平台，让儿童看到更广阔的空间。音乐是艺术重要的组成部分，它与各领域文化有密切关联，使得此课程与其他学科课程之间可以相互融合；"灵动音乐"使儿童成为一个主动者参与其间，它面向全体儿童，从儿童本位出发，结合本地域的文化、语言、民歌、童谣甚至是方言，开展律动、吟唱、舞蹈、综合性表演等音乐活动，让儿童感受音乐带来的快乐，激发学习音乐的动力。

6."醇真美术"课程群。"醇真美术"让孩子在的美术学习中保持一颗真、善、美的童心，感受求知、探索的乐趣。课程注重与生活经验紧密关联，鼓励儿童在广泛的文化情境中积极体验探究，发展观察、想象和创造能力，提高审美品味和审美能力，为孩子的终身学习奠定厚实的基础。课程注重让每个孩子认识传统文化的价值和内涵，引导孩子学习传统文化知识和技能，在情感体验和实践操作中，走进经典，培植学生传承文化的意识，树立尊重中华传统文化的风气。课程注重培养学生的创新思维，关注学生思维品质的培养，努力营造有利于创造性思维的情境，引导学生采用多种思维方法进行学习，关注学生成长所需，培养学生的个性与创新精神。

7."求真科学"课程群。课程实施以求真课堂为脊柱，以求真课程为脉络，采用项目式学习法，立足聚焦、探究、研讨、拓展环环相扣的四大板块，紧扣科学核心素养，引领儿童在生活中发现有趣现象，在探究中尝试解决问题，在研讨中逐步锻炼思维，在拓展中全面提升素养。因此，"求真科学"在实践创新中，让教师和儿童一起勇于主动探究，共同怒放成长，达到提升培养儿童的小学科学核心素养的目的。所以"求真科学"是引导做好每一个实验的学科；"求真科学"是注重主动参与勇于探究的学科；"求真科学"是重事实有实证的学科；"求真科学"是崇尚求真、人人平等的学科。

三、创设"醇香节日"，积极营建校园文化课程

节日课程抓住各学科和特殊节日的特点，契合学生学习的各种知识，给学生提供一个展示和实践的平台。"醇香节日"是稻香村小学推进各学科学习展示的有效路径和实施策略。

（一）"醇香节日"的主要类型

"醇香节日"基于国家课程，在学校醇香教育课程理念的统领下，根据不同年龄段学生的实际情况，开展形式多样、主题突出、寓教于乐的节日课程。"醇香节日"由"醇乐民俗节日""醇香校园节日""醇美现代节日"组成。丰富多彩的节日课程给孩子们提供了展示的平台和娱乐的空间，丰富了孩子们的精神生活。

（二）"醇香节日"的实施操作

"醇香节日"从"醇乐民俗节日""醇美现代节日""醇香校园节日"三个方面进行实施，以多种途径开发创设节日课程，积极营建校园文化课程。

1. 醇乐民俗节日：让学生了解传统民俗知识，将中华民族的传统文化继承发扬。合肥市稻香村小学"醇乐民俗节日"活动安排如下（见表1-4）。

表1-4　合肥市稻香村小学"醇乐民俗节日"课程设置表

时间	节日	主　题	活　　动
1月	春节	欢欢喜喜过大年	"年货达人"：陪父母去超市、菜场采购年货，帮助记账算账，整理物品，亲子活动
			"传承美好话新春"：写春联，雏鹰小队活动，联合社区把孩子们书写的春联送给社区孤寡老人
			"家的味道"：和家人同学一起包饺子并完成欢喜过大年记录单
			"晒红包，话心愿"：开学典礼，展望未来许下心愿
	元宵节	团团圆圆新一年	"浓情十五"：包汤圆
			"闹花灯，猜灯谜"
3月	清明节	"青青子衿，悠悠我心"	"青青子衿，悠悠我心"：写祭词寄情
			"清明远足祭英烈，革命精神永流传"：大蜀山远足
			"聆听抗日故事，缅怀革命先烈"：讲故事
		三月三画风筝	"画风筝"：民俗活动
5月	端午节	艾蒲青翠端午情	"我们的节日"：手抄报
			"巧手粽香"：包粽子
			"指尖香包"：做香包活动
			"我们的节日"：民俗知识竞赛

(续表)

时间	节日	主 题	活 动
8月	中秋节	十五团圆家国情	"我们的节日":诗配画
9月	重阳节	九九重阳话金秋	孩子们与退休教师欢聚一堂联欢过重阳
			"我们的节日":重阳习俗手抄报
12月	腊八节	腊八粥香	和家长去超市挑选材料认识五谷,做一次腊八粥

2. 醇美现代节日:现代节日具有鲜明的时代特色,展示人们对新生活的向往,让儿童关注生活、体会美好生活的来之不易。合肥市稻香村小学"醇美现代节日"课程安排如下(见表1-5)。

表1-5 合肥市稻香村小学"醇美现代节日"课程设置表

时间	节日	主 题	活 动
1月	元旦节	新年新面貌	元旦联欢会、制作新年目标卡片
3月	妇女节	妈妈您辛苦了	送给妈妈一份亲手制作的小礼物、帮助妈妈做一次家务劳动、给妈妈一个温暖的拥抱
5月	劳动节	劳动最光荣	评选班级劳动之星、家庭小能手
6月	儿童节	快乐童年	六一特色课程展示
7月	建党节	党在我心中	看望老党员听听党的历史故事、渡江战役纪念馆参观
8月	建军节	争当小军人	走进军营、学做小军人
9月	教师节	岁月如歌、感谢师恩	开展"浓浓尊师意、款款爱生情"诗歌朗诵、献给老师一句祝福语
10月	国庆节	祖国妈妈我爱你	爱国歌曲合唱比赛、庆国庆手抄报评比、带着国旗去旅行

在实施"醇美现代节日"课程中,学校、家长、社会形成合力,为儿童打造形式多样的活动平台。我们结合爱国主义教育、校园文化建设、中华经典朗诵以及社会实践、志愿者劳动等内容制定主题,利用校报校刊、国旗下讲话、主题班会、主题讲座等多种形式开展。

3. 醇香校园节日:根据学科课程和学校文化开展的节日活动,是稻香村小学独具特色的校园节日。通过节日活动让孩子们学会感恩,敢于挑战,乐于奉献。具体课程安排如下(见表1-6)。

表1-6 合肥市稻香村小学"醇香校园节日"课程设置表

时间	节日	主题	内容
1月	心愿节	书写新年愿望	新年新起点给自己写一封信,统一封存
2月	乐助节	雏鹰假日小队活动	开展扶贫助困、走进系列、环保民俗活动
3月	乐行节	学雷锋活动月	学雷锋系列活动,养老院、福利院、社区开展学雷锋活动 主题队会展示活动
3月	话筒节	小主持人大赛	小主持人比赛
3月	植树节	3.12植树节活动	守绿护绿植树,环保宣言
3月	节水节	3.22世界水日	晨会宣讲,"三节"(节水节电节粮)班会
4月	研学节	春季研学游	研学游
5月	合唱节	童心向党合唱	全校合唱比赛
5月	戏剧节	我演我精彩	课本剧,经典诵读
5月	舞蹈节	"乐动醇香"	舞蹈比赛
6月	社团节	社团展示	六一文艺汇演
6月	丰收节	躬耕园的蔬菜义卖	义卖校园农场送福利院
7—8月	乐助节	雏鹰假日小队活动	开展扶贫助困、走进系列、环保民俗活动
9月	乐美节	美丽班级系列评选	班级文化、班级板报评选
9月	读书节	"醇美书香"阅读悦美	作家进校园、图书漂流、同读一本书
9月	诵读节	经典诵读	经典诵读比赛
9月	书签节	手绘书签设计	手绘设计书签
10月	建队节	少先对建队节系列活动	少先队知识竞赛 "我的队干我来选"大队委竞选 "让红领巾更鲜艳"新生入队仪式 "争做时代好少年"少代会 "一队一品,一班一味"中队角评选
10月	研学节	秋季研学游	研学游
11月	运动节	阳光体育运动	广播操比赛、眼保操比赛、
11月	科学节	求真科学节	科技动手做、科普游戏闯关
12月	法制节	法制宣传月	主题班会展示 宪法晨读、宪法宣誓
12月	游戏节	"游戏节"	游戏节、十人十一足

（三）"醇香节日"的评价要求

"醇香节日"课程以活动为主要实施手段，主题鲜明，形式多样。关注学生参与、内容的形式以及课程的成效性，同时，评价结果将纳入学生学分管理体系和学生综合素质评价体系。具体课程安排如下（见表1-7）。

表1-7　合肥市稻香村小学"醇香节日"评价量表

项目	评 价 标 准	等　级	亮　点	建　议
主题	新颖、鲜明、有特色			
	有明确的指向性			
内容	内容新颖、符合学生年龄特征			
	活动具有典型性、有感染力			
	联系实际、贴近学生生活			
形式	乐学善思、利于展示学生个性特长			
	结构完整、层次分明			
	丰富多样、学生喜闻乐见			
	创设节日环境、烘托主题			
过程	教师组织规范、指导有度			
	学生参与度高			
	体验感知不同国家文化的差异			
效果	学生参与、体验、感悟			
	学生思想境界得到提升			

四、走进"醇香之旅"，全面推进社会实践课程

（一）"醇香之旅"的课程设计

"醇香之旅"课程是在自然情境中进行的实践性课程，具有很强的综合性，强调学生的亲身经历和实践经验。我们设计实施了"醇美之旅""求真之旅"等课程，让孩子们每学期踏上不同经历的"醇香之旅"，拓宽视野，丰富体验。其主要内容有：探寻自然之美、参观历史文化场馆的"醇美之旅"；了解科技应用的"求真之旅"等。研学游、工业游、展览观摩等形式构成了一条体验学习之路。在"醇香之旅"中，孩子们拓宽视野，丰富体验，激发思维。具体课程安排如下（见表1-8）。

表1-8 合肥市稻香村小学"醇香之旅"课程设置表

时间	课程	地点	主题内容
1—2月（寒假）	情暖之旅	养老院、福利院	红领巾情暖童心
	环保之旅	蜀山森林公园、洪岗社居委	争做环保小卫士
3月	缅怀之旅	蜀山烈士陵园	清明远足
4月	醇美之旅	刘铭传故居、三国遗址公园	春之歌研学游
6月	毕业之旅		逐梦前行
7—8月（暑假）	扶贫之旅	贫困学校	红领巾情暖童心
	求真之旅	博物馆、科技馆	小世界大梦想
10月	红领巾之旅	以家庭为单位游览祖国的大好河山	我与祖国共成长带着国旗去旅行
11月	醇美之旅	源泉博物馆、非物质文化遗产园	秋之韵研学游

（二）"醇香之旅"的课程评价

"醇香之旅"是综合实践育人的有效途径，有利于引导学生主动适应社会，促进书本知识和生活经验的深度融合。"醇香之旅"课程具体评价如下（见表1-9）。

表1-9 合肥市稻香村小学"醇香之旅"课程评价表

评价内容	醇香之旅活动过程性资料：学校方案、教师指导相关材料、学生过程性文本材料和成果展评。					
评价项目	评价要点	评价等级			
^	^	优秀	良好	合格	待合格
学校方案	1. 把醇香之旅纳入学校教育教学计划，与综合实践活动课程统筹考虑，促进醇香之旅和学校课程有机融合。				
	2. 精心设计醇香之旅活动课程，做到目的明确、活动生动、学习有效。				
教师备课	1. 有依据醇香之旅教学设计的二次备课，有个人特色。				
	2. 有能体现出对醇香之旅活动指导的文本材料。				
过程管理	1. 食、宿、学统一，培养学生刻苦学习、自理自立、互勉互助、艰苦朴素、吃苦耐劳等优秀品质和精神。				
	2. 安全保障，活动前做好安全宣传，活动中做好安全保障，遇到不可抗因素，处理好安全善后工作。				

学生过程性文本材料	1. 学生研学旅行策划书、设计研学任务单、研学地点介绍等。			
	2. 集体或个人完成研学任务单，做好研学记录。			
成果材料	1. 作品或照片（PPT、美篇、电子相册等形式）。整体美观、数量足，材料数量达到班级学生的90%以上。			
	2. 心得体会。文本数量达到班级学生的90%以上。			

五、推行"醇香赛事"，激发学生参与课程的兴趣

"醇香赛事"通过竞赛促进孩子们的发展和进步。在竞赛过程中孩子们拼搏的汗水、团队的协作、失败的教训都是珍贵的课程。

（一）"醇香赛事"的实践操作

"醇香赛事"课程设置了醇美、求真、乐动、智慧、快乐等系列比赛，极大地激发了学生参与课程的兴趣。其主要实践形式有：快乐体育的校园足球联赛、广播操比赛、眼保健操比赛、乐动音乐的合唱比赛、舞蹈赛事以及求真科学中的科技动手做、生活创意美术的绘本制作、绘画比赛等。具体课程安排如下（见表1-10）。

表1-10 合肥市稻香村小学"醇香赛事"课程设置

比赛时间	比赛内容	比赛级别
3月	足球比赛	市级
4月	眼保健操比赛	校级
5月	"稻香杯"	校级
6月	校园足球联赛	区级
10月	田径运动会	校级
11月	中小学田径运动会	区级
12月	广播操比赛	校级

（二）"醇香赛事"的评价要求

"醇香赛事"分学科，活动形式多样，每种赛事都会制作不同的评价表，从比赛形式、学生参与度、节目的效果和节目的创新度等多角度地评价比赛。

为了提高赛事组织质量，实现以赛事促进学习、促进技能提升的学科培

养目标，校"阳光体育赛事"对体育赛事的评价主要从赛事组织实施、赛事成效两个方面展开。首先，赛前筹备工作合理有序。体育组教师合理制定赛事方案，合理布置场地，宣传到位。其次，赛事举办合理有序。做好教练员、领队、裁判员等赛事培训，有序进行开幕式、检录、成绩统计与公告。最后，学校对赛事进行评估、总结、表彰及相关文件归档。稻香村小学体育学科秉持"让美好童年香气四溢"的课程理念，以培养学生的运动能力、健康行为、体育品德为根本追求，依托"阳光"课程体系，通过价值引领、组织建设、队伍保障等系列措施，培养学生终身体育意识和能力，致力于培养拥有健康体魄的灵动少年。具体评价方式如下（见表1-11）。

表1-11 合肥市稻香村小学"醇香赛事"课程评价表

项目	评价标准	等级	亮点	建议
主题	新颖、有特色			
内容	符合学生实际			
	体现体育基本技术及知识			
形式	丰富多样			
	充分展示学生特长			
过程	教师组织有序			
	学生参与度高			
	严格遵守比赛规则			
效果	学生参与、体验、感悟			
	学生了解掌握运动技能			

六、建设"醇香社团"，延展学生兴趣爱好

（一）"醇香社团"的主要类型

"醇香社团"丰盈了学科视角，让孩子们在丰富的社团活动中如沐春风，繁茂生长。为实现"德香修身、书香启智、汗香健体、艺香怡情、技香勤耕"课程建设目标，学校设置稻香村课程的五大课程模块为修身堂、启智馆、健体廊、怡情社、勤耕园，每个场馆都以它独特的定义设计出有利于学生身心发展的稻香村校本课程，让孩子在趣味多样的社团活动中发展思维，张扬个性。基于学校的办学特色，还开设了足球、乒乓、舞蹈、戏曲等专业社团，为专业人才的培养奠定

了扎实的基础。此外，针对每个孩子个性发展和未来成长，学校还设置了全方位、多层次、多维度的三点半课程，这也是教育教学课程体系的补充和延续。

（二）"醇香社团"的评价要求

社团活动的评价主要基于以下标准：

1. 社团活动记录完整。活动方案规范细致、丰富多彩、可操作性强，活动过程较详细，学期结束有反思或总结。

2. 教师充分履行指导职责。社团活动中，教师能进行有效的指导，帮助孩子发展特长。

3. 师生加强社团管理、注重文化建设。社团活动文明有序，体现社团主题特色。

4. 学期结束时，社团能以个性的方式展示社团活动成果。

通过网上问卷调查、谈话、访问等形式了解孩子对社团的满意度，满意度超过60%为合格，超过75%为良好，超过85%为优秀。

除了以上的评价标准，稻香村课程还设置了一学期一张的综合性毕业证，从学习态度、学习能力、学习效果三个维度出发，记录孩子的出勤情况，张贴孩子个性化的学习成果和作品，形成了有效的过程性评价。

（三）"醇香社团"评价表

表1-12　合肥市稻香村小学"醇香社团"评价表

评价项目	评价标准	评价结果			
		个人评	同学评	教师评	总评
情感态度	1. 参与活动				
	2. 提出活动的设想、建议				
	3. 克服困难和挫折				
合作交流	1. 帮助同学				
	2. 倾听同学的意见				
	3. 对班级和小组的学习有贡献				
实践能力	1. 会用多种方法搜集、处理信息				
	2. 动脑、动口、动手参与				
	3. 会与别人交往				
	4. 学习、研究方法多样				

（续表）

评价项目	评 价 标 准	评 价 结 果			
^	^	个人评	同学评	教师评	总评
成果展示	1. 活动过程记录				
^	2. 演示、汇报				
^	3. 成果有创意				
小伙伴说：		老师说：		爸爸、妈妈说：	
我对自己说：					

注：评价结果分A、B、C三个等级。A表示优秀；B表示一般；C表示待提高。

七、创建"醇香家庭"，家校联手丰富课程资源

学校建立"醇香家庭"，父母与孩子在亲子活动中拉近彼此的距离，加强相互之间的心灵沟通，让孩子和家长在活动中共同成长。

（一）"醇香家庭"的实践与操作

学校针对家长积极开展各种培训、讲座、交流活动，转变家长教育理念，充分利用家长这一课程资源独特的作用，让家校携手形成合力，促进学校课程的实施和开发。

"醇香家庭"开展"六大"活动，进行家校多维联合行动：（1）家长开放日活动，家长和孩子共同学习、成长。（2）召开家长会、座谈会，交流育子经验。（3）别出心裁的亲子活动，营造温馨家庭氛围。（4）"稻香讲堂"班级特色活动，分享各种趣事，开拓学生视野，增进亲子关系。（5）坚持家访制度，召开家长座谈会、家委会会议、问卷调查等，家长为学校发展献计献策。（6）班级博客、班级群等，利用现代化网络记录班级成长的点点滴滴。

（二）"醇香家庭"的评价要求

学校制定了学习型家庭评比"六个一"作为醇香家庭的评价标准。具体内容包括：一张书桌；一份孩子喜欢的阅读报刊；一本课外读物；一次与孩子的心灵交流；一次有意义的家庭活动；一个关注过程的成长记录袋。

成长记录袋的评价标准如下：成长记录袋里有学生的基本信息、作业、奖状、课外生活记录（如旅行、赛事、亲子时光）等。成长记录袋是孩子成长的留影，也是亲子活动的见证，记录着孩子成长的点点滴滴和家长们的付出。学

校每年分等级、分类别、多层次开展学生成长记录袋评比和学习型家庭评选活动。

八、推进"醇香主题"课程，落实学校德育建设

（一）"醇香主题"的内容设置

学校主题教育课程依据义务教育阶段相关课程，以及《中小学德育工作指南》（教基〔2017〕8号）等文件，落实立德树人根本任务，着力构建方向正确、内容完善、载体丰富、常态开展的德育工作，努力形成全员育人、全程育人、全方位育人的体系。主题课程设置表如下（见表1-13）。

表1-13 合肥市稻香村小学"醇香主题"课程设置表

时　间	内　容	主　题	形　式
2月10日	国际气象节	共爱蓝色星球	主题班会
3月3日	全国爱耳日	让耳朵静一静	主题队会
3月15日	消费者权益日	火眼金睛辨假货	主题队会
3月22日	世界水日	"三节"在校园	主题班会
4月26日	知识产权保护日	学知识、懂知识、爱知识	主题队会
4月最后一周	交通安全	交通安全	主题队会
5月第一周	防溺水	防溺水教育	主题班会
6月6日	全国爱眼日	守护明亮的星	主题队会
6月26日	国际禁毒日	珍爱生命，远离毒品	班会
9月3日	中国抗战胜利纪念日	铭记历史	升旗仪式
9月22日	世界无车日	今天，绿色出行	倡议宣传
10月16日	世界粮食日	粒粒皆辛苦	晨会
12月13日	国家公祭日	勿忘国耻	主题班会

（二）"醇香主题"的评价要求

醇香主题课程是全校学生在特定的时间段开展的课程，因此在评价过程中，全校师生和家长都要参与，依据学校对醇香课堂的评价，制定"醇香主题"课程评价表，对活动开展，方案设计，活动效果做一个管理评价反馈。"醇香主题"课程评价表如下（见表1-14）。

表1-14 合肥市稻香村小学"醇香主题"课程评价表

评价内容	评价标准	评分
班队会或者课程方案设计 10分	1. 主题鲜明，具有正确的教育意义 2. 内容形式有创意，学生喜欢 3. 形式多样，内容丰富	
主题活动过程 25分	1. 学生主体，参与度高 2. 体现团队合作，有师生、生生互动	
主题活动效果 15分	1. 学生乐于参加活动，积极性高 2. 通过主题教育收获丰富 3. 学生作品呈现效果较好	

九、开展"醇美仪式"，实施校园仪式课程

仪式承载着深厚的文化与历史，仪式教育具有德育的内在功能。仪式课程是学校实施德育的重要途径，学生在隆重的仪式下、庄严的氛围里产生共鸣，学校能在这样强烈的感染力下实现教育目的。

（一）"醇美仪式"课程设置

学校的"醇美仪式"课程设置如下（见表1-15）。

表1-15 合肥市稻香村小学"醇美仪式"课程设置表

课程名称	课程主题	课程内容	课程目标	实施年级
升旗仪式	准备篇	训练护旗手 训练值周班级演讲的同学	培养学生对国旗的认知和尊敬、热爱国旗的情感，养成升国旗奏国歌时要肃立、敬队礼的行为习惯。	全年级段
	仪式篇	1. 迎国旗 2. 升国旗 3. 唱国歌 4. 国旗下讲话 5. 颁发流动红旗 6. 辅导员讲话 7. 旗训		
开学典礼	准备篇	收集学生雏鹰假日小队的展示资料	明确学期目标，激励全体师生振奋精神，营造浓厚的开学氛围。	全年级段
	仪式篇	1. 升旗仪式 2. 校长致辞 3. 代表发言 4. 节目表演 5. 颁发奖状 6. 布置新学期各项工作		

（续表）

课程名称	课程主题	课程内容	课程目标	实施年级
拜师典礼	仪式篇	1. 学生身穿汉服走状元桥 2. 学生整理衣冠 3. 朱砂启智 4. 诵读《弟子规》	让学生感受中国的文化与礼仪，继承中华民族优秀文化传统，发扬尊师文化。	一年级
入队课程	入队准备	1. 学习少先队知识 2. 参观少先队队室	学习少先队知识，懂得红领巾是国旗的一角，是革命先烈用鲜血染成的，学会爱护它、正确佩戴它，参观队室让新队员树立光荣感、使命感、责任感，激励他们为集体增光添彩。	一年级
	入队申请	填写个人入队申请书		
	入队仪式	1. 出中国少年先锋队队旗 2. 唱中国少年先锋队队歌 3. 传递四面红色旗帜 4. 宣读新队员名单 5. 为新队员授红领巾 6. 新队员宣誓 7. 为新中队授中队旗 8. 为新建中队聘请中队辅导员 9. 重温队的基本知识 10. 新队员代表发言 11. 校长讲话 12. 呼号 13. 退旗		
十岁生日	仪式篇	1. 出大队旗 2. 唱中国少年先锋队队歌 3. 校长寄语 4. 合唱《少年少年祖国的春天》《中华孝道》 5. 老师的祝福《孩子，很高兴遇见你》朗诵 6. 学生代表发言《今天我们十岁了》 7. 全体师生齐颂千字文 8. 辅导员寄语 9. 歌表演《感恩的心》 10. 行鞠躬之礼、爱的拥抱 11. 成长许愿、家长送礼物 12. 家长寄语 13. 快乐成长宣誓	学校以孩子的十岁生日为契机，结合本年段孩子的身心特点，通过活动让孩子体验成长之乐，父母之爱，学校温暖，学会感恩、学会做人，感恩父母，继承中华民族的传统美德。	四年级
清明远足课程	准备篇	1. 了解先烈们的英雄故事 2. 手工制作一朵小白花	培养师生良好团队协作精神，磨练意志，增强体质，锻炼体魄，展示稻小学校师生良好风貌，打造德育特色品牌。	五年级
	仪式篇	1. 齐唱中国少年先锋队队歌 2. 默哀一分钟 3. 学生代表介绍烈士事迹 4. 学生代表献词 5. 大队辅导员带领学生重温入队誓词 6. 少先队员献花		

（续表）

课程名称	课程主题	课程内容	课程目标	实施年级
毕业典礼	毕业晚会	1. 校长致辞 2. 节目表演 3. 写给二十年后自己的信 4. 家长、学生向学校赠送礼物 5. 教师朗诵，学生给老师献花 6. 颁发毕业证书	孩子们通过隆重的毕业典礼来展示六年的学习生活，表达对母校和老师的感谢之情，以及对明天生活的幸福憧憬。	六年级
	毕业露营	1. 篝火晚会 2. 观看一场有意义的电影 3. 毕业露营 4. 结营发言		

（二）"醇美仪式"课程评价要求

"醇美仪式"课程主要采用过程性评价。对学生的参与过程进行定量评价。对学生参与仪式课程的过程性资料进行整理分析，对学生的主动性、创造性、独特性，以及所表现出来的积极态度和参与精神等内容进行评价。

总之，"稻香村课程"在科学育人目标指导下，在全面丰富、立体多维的课程实施途径中，着力培育香气四溢的儿童。学校真正成为儿童的乐园，儿童向着美好成长，修身、启智、健体、怡情、勤耕！"稻香村课程"为每个孩子勾勒美好的生命图景，让美好与孩子们相伴相随！

（撰稿者：孙传华　季媛媛　贾君琳　钟　鸣　郑鹏鸣等）

第二章

认清核心，明确课程理念

课程理念是教育者对教育教学活动的基本态度和观念，是教育者在工作中始终秉持的信条，是课程建设的灵魂和支点。课程理念为学校课程的建构提供方向性的指导，它的确立应当建立在对现实的分析以及对未来的展望之上。在推进课程改革的过程中要始终明确三个理念：以人为本、联系生活、灵活开放。

目前，国际上多数国家基础教育的共同发展趋势是"关注学生的发展，培养学生的核心能力"，从以学科知识为核心的传统课程标准体系逐步演化成以促进个人的发展和终身学习为主体构建的核心素养模型。对于学校课程的设计与建构，我们应当首先厘清三个理念：以人为本、联系生活、灵活开放。

明确一个核心：以人为本。在我国，立德树人是教育的根本任务，培养学生的核心素养就是要关注"教育应当树什么样的德，育什么样的人"这一最根本的问题。要培养学生在教育中逐渐形成适应个人终身发展和社会发展需要的必备品格和关键能力。培养学生的核心素养要兼顾发展核心素养和学科核心素养，这两者相辅相成，共同作用。学科核心素养的发展保证了发展核心素养的实施，而发展核心素养的培养有益于学科核心素养的提升，两者相互促进。[①]在课程的开发和实施中要真正做到关注每一个孩子，让每个孩子都能参与进来，在课程中获得收获和成长。课程的建设和开发要关注学生的情绪和情感体验，教学的过程不仅是学科知识积累的过程，更是学生获得积极的情感体验的过程。课程的建设和开发更需要关注学生道德品质的培养以及人格的塑造，关注每个孩子的可持续发展。要在学校课程的推进中让每个孩子真正实现新时代人才培养目标的四个学会：学会认知，学会做事，学会共同生活，学会生存。

抓住一个本质：联系生活。生活是教育的源泉，教育是为了更好的生活。课程的设计应当立足于学生的生活体验，与生活实践相结合，帮助学生理解生活的意义，感受不同的生活方式，拓展学生的生活经验，使学生的精神世界更加充盈丰满，从行动到思想都真正贴近生活、适应生活，从而进一步实现享受生活、创造生活。

坚持一个原则：灵活开放。教育目的通过课程来实现。课程的开放不仅是内容上的开放，也是形式上的开放，更是思维上的开放。开放的课程观能够给师生更广阔的天地，学校课程在内容上的开放能够帮助教师更好地把握教育的实质，形式上的开放能够促进课程内容更加的科学和完整，而思维上的开放能够真正培养学生的创新精神。

明确课程理念才能更好的将学校的办学理念、教育哲学、学生发展所需

---

① 马玉冰.对于教育培养学生核心素养的思考［J］.黑河学刊，2020（04）：111-112.

的核心素养同国家倡导的价值观进行统筹结合，促进学生终身发展。

（撰稿者：赵　青）

学校坐标　合肥市琥珀中学教育集团
课程模式　灵性课程：让每一个孩子成为美丽的琥珀

　　自然赋光华，时光铸韧性。琥珀之美，在于其灵性、纯洁，以及生命的力量；琥珀学子之美，是昂扬进取的精神面貌，更是丰润理性的内在自我。琥珀光华贵乎自然纯朴，灵性教育重在唤醒潜能。为了让每一个孩子成为美丽的"琥珀"，"灵性课程"以快乐亲和的方式，呵护学生自然纯朴的天性；"灵性课程"以汇通古今的格局，提升学生守正创新的能力；"灵性课程"以开放包容的姿态，铸就学生明志致远的魄力。灵性教育丰富个性发展的路径，帮助每个心灵的成长，让学生收获漫漫人生征途上不竭的动力。

　　合肥市琥珀中学教育集团的前身是合肥市琥珀中学，创建于1997年6月。合肥市琥珀中学在二十多年的办学历程中，以先进的育人理念、严谨的治校方略、精干的师资队伍、优异的教育成果，在社会上树立了良好口碑，成为合肥市的一块闪亮的教育品牌。为了更好地促进义务教育优质均衡发展，2016年开始集团化办学，现有琥珀山庄、五里墩、龙居山庄、南岗共四个校区。各校区积极开展多项教育教学改革实验，先后获得全国首批"品质课程联盟实验校""全国百所青少年法律示范学校""国家级青少年自我保护教育基地""全国青少年校园足球布局学校""合肥市特色学校""合肥市科普示范校""合肥市素质教育示范校"等诸多荣誉称号。

第一节

激发每一个孩子内在的灵性

学校的课程哲学是学校可持续发展的内驱动力、是学校教育的价值追求、是学校课程框架的灵魂，引领学校课程建设。

一、学校教育哲学

"灵性教育"作为我校的教育哲学，以关注学生的个性发展为基点、完善学生的综合素养为宗旨，按照学生的发展需求进行课程开发和实施，激发每一个孩子内在的灵性。

"灵性教育"是对话的教育。让学生对话教材、对话自然、对话文化、对话自身、对话社会，使每一颗心灵在沟通中去粗存精、批判继承，享受智慧滋养的喜悦。

"灵性教育"是沉静的教育。教师不浮躁，潜心致力于学生灵性的塑造。"静而后能安，安而后能虑，虑而后能得。"学生能静心沐浴智慧与情操的双重指导。

"灵性教育"是无形的教育。以丰富的课程，多样的活动，将教育融化在学习生活的每一处。

"灵性教育"是开放的教育。优秀的、有灵气的学子，除了自身常常怀有获得知识的愉悦，更能为他人带来幸福，更重视自身的生命意义，并给予社会一份人文关怀。灵性教育的关注角度由个人拓展至社会。

基于上述教育哲学，学校结合自身文化传统，明确了"增学问，广识见，养性灵"的办学理念。增学问是学生成长力量的重要来源；广识见是人才核心素养提升的重要依托，是人才智能结构完善的关键因素；养性灵是让学生举一反三，对解决方法能触类旁通。大家生活在校园之中，却能对社会怀有关怀，能得体地应对生活中的问题。

我们致力于"让每一个孩子成为美丽的琥珀"！沉潜宁静，让孩子如"琥珀"般在时光行进中成长；融合积淀，让孩子像"琥珀"般汲取外界的知识并内化；芬芳润泽，让孩子似"琥珀"般散发独有的气质与光芒。每一位教师致力于将学校打造成适宜"琥珀"形成的，有温度、有阳光、有关怀、有期待的生态乐园。

我们坚信：

灵性少年在学习探究中获取并创新；

我们坚信：

灵慧教师在交流合作中学习并内化提升；

我们坚信：

灵性课堂充满活力启发思维并促进智慧生成；

我们坚信：

灵性课程丰富充实教会学生学习并塑造良好品格；

我们坚信：

灵美校园洋溢活力与美好成为学生成长的学园和乐园；

我们坚信：

让每个孩子成为美丽的"琥珀"是学校教育的至美追求。

二、学校课程理念

我校坚持以人为本，立足于学生的个体发展，因此确立学校课程理念是：让每一个孩子成为美丽的琥珀。要让每一个孩子如琥珀般充满灵性，我们认为：

课程即灵性的唤醒。课程的设置与规划以唤醒学生潜在的灵性为目标；课程的展开与学生对内在生命、外在世界的体认同步。琥珀温润通透，学生莫不如此；琥珀课程使之灵性苏醒，主动寻求自我完善，激发认知的强烈兴趣。

课程即本真的回归。优秀的人应当复归人最本真的状态：善良、淳朴、率直、热爱生命。课程是基于学生认知特点的有效引导，在其展开过程中，当不断使之展现"纯"的特质。不事雕琢，明辨是非，在灵动的课程中以本真的状态投入，并获得肯定。

课程即成长的凝眸。课程关注学生的成长，既注重个体的发展，亦注重学生在群体中团结协作、探究交流，实现共同提升。成熟的课程是不断生长的，有着与少年同样的生命力；成熟的课程是不断积淀的，散发着与琥珀同样的馨香。

课程即美好的共享。课程资源来源于学校、社会、家庭，本土特有的地域文化亦可成为课程的"源头活水"。课程的形成，是美好的共享；课程的展开，是师生的另一重对话，是对美好的分享与共建。

课程目标强调"知识与技能、过程与方法以及情感、态度与价值观"的有机整合。开放的新课程观是建构现代化课程体系的必然选择。终身的学习观、发展的评价观是合肥市琥珀中学教育集团基础教育课程改革的灵魂。回归生活、促进学生全面发展是新课程改革的必然归属。琥珀课程使学生主动寻求自我完善，激发认知的强烈兴趣。因此，我校规划设定了"灵性课程"总体目标。

第二节

让每一个孩子如琥珀般充满灵性

学校课程目标引领着学校的课程发展方向，它必须遵循课程教育哲学及教育教学发展规律。我校根据学生的身心发展和个性培养需求，提出了如下课程目标。

一、育人目标

结合我校的教育哲学，我们将学校的育人目标确定为：培养一个有灵性的孩子。我校从人文角度关爱每一个孩子，实现全面培养，努力实现符合学生天性的教育。我们希望培养具有好学习、善沟通、富爱心、爱运动、有情趣特质的灵性少年，每一个孩子如琥珀般充满灵性。具体表述如下：（1）好学习：乐观察、乐思考、乐探究；（2）善沟通：会融入、会协调、会改进；（3）富爱心：能共情、能感恩、能爱人；（4）爱运动：懂参与、懂技巧、懂趣味；（5）有情趣：好求真、好求善、好求美。

二、课程目标

学校的育人目标通过课程来达成，为了实现我校的育人目标，我们将"灵性课程"目标分年级细化如下（见表2-1）。

表2-1　合肥市琥珀中学"灵性课程"目标表

特质＼目标＼年级	七年级	八年级	九年级
好学习	乐观察：热爱学习，掌握七年级文化课程标准规定的要求。观察书本，融入课程；观察老师，习得技能；观察周围环境，寻找兴趣点。基本养成善观察、勤学习的优良习惯。	乐思考：形成更为浓厚的学习兴趣，掌握八年级文化课程标准规定的要求，进一步养成更为完善的学习习惯。能结合实际，敢于质疑，提出自己的思考。	乐探究：在浓厚的学习兴趣引导下，掌握九年级文化课程标准规定的学业水平。能熟练地将所学知识运用于实践，并就自己的思考，进行深入的求证、探究。
善沟通	会融入：能较快适应初中生活，初步了解周围新的同学与老师，并形成友好的关系。能调整心态，适应新环境中的变化。	会协调：能就产生于同学、老师或家长间的矛盾，理性对待，积极寻求解决方法。能倾诉，善倾听，在沟通中弥合矛盾，实现成长。	会改进：能见贤思齐，在和谐的师生、生生关系中，实现自我的不断完善。懂得学习他人的长处，倾听他人的建议。以自我成长促进周围关系的和谐。
富爱心	能共情：懂得基本的道德规范与做人道理，能明辨是非，感受他人给予的鼓励、关怀；能接受合理的建议与批评。尊敬师长，友爱同学。	能感恩：在理解的基础上，对他人给予的关心心怀感恩，并进一步将之化为自己进步的动力。初步学习将外在的美好情感化作内驱力，促进自我成长。	能爱人：热爱他人，关怀弱者。从被关怀者逐步转化为关怀者，从对个人的关爱，推及家乡、社会、国家，形成具有"大爱"的高尚人格。
爱运动	懂参与：能积极参与中学阶段的体育活动，并在日常加强体育锻炼，树立健身意识。能在老师指导下，参与各类体育活动，敢于挑战自我。	懂技巧：能有意识地学习体育运动技巧，初步确立自己的体育爱好。努力通过技巧的完善，使之成为特长。进一步加强锻炼，提高身体素质。	懂趣味：在体育运动中感受趣味。让体育锻炼成为生活中不可或缺的组成部分。懂得欣赏体育赛事，培养体育审美。
有情趣	好求真：学会以理性的方式、客观的眼光看世界，求真知。懂得欣赏自然之真趣，人格之真美。学做真人，树立"天然去雕饰"的人格追求与审美基准。	好求善：在客观的基础上，融入追求"善"的主观情感。欣赏能够激发"正能量"的事物，学习善人善行。自觉抵制低俗事物，树立高尚的审美情操。	好求美：能积极利用各类资源，提高审美能力。能赏物之美，更赏人格之美。保有寻找美的热情，能以自己的行动为生活增添美。投身实践，提升塑造美的能力。

第三节

用灵性的课程激活每一个孩子的生机

学校依据"灵性教育"哲学,以及"让每一个孩子成为美丽的琥珀"的课程理念,积极梳理学校课程各元素之间的逻辑关系,构建学校"灵性课程"体系。

一、学校课程逻辑

为实现育人目标,我们注重课程统整,建立如下灵性课程逻辑图(见图2-1)。

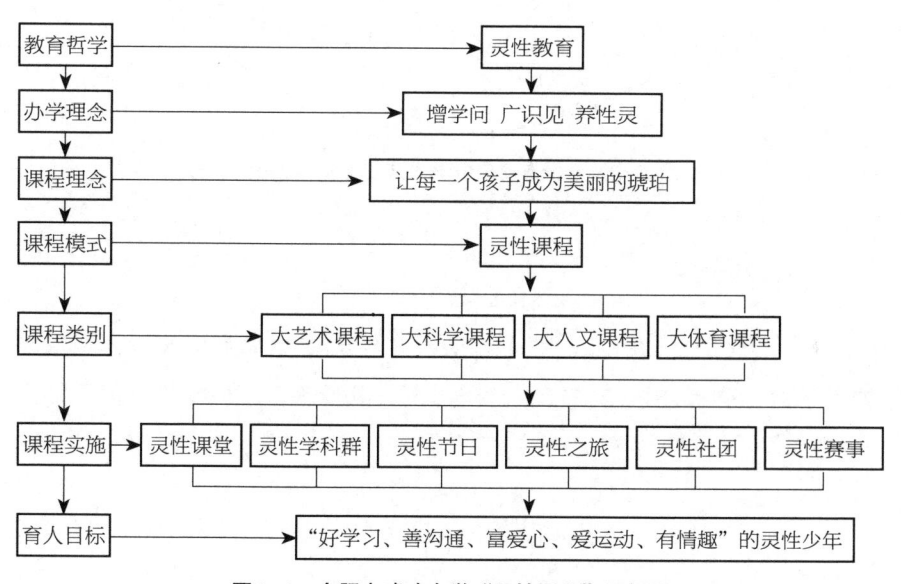

```
教育哲学 ──────────────→ 灵性教育
办学理念 ──────────────→ 增学问 广识见 养性灵
课程理念 ──────────────→ 让每一个孩子成为美丽的琥珀
课程模式 ──────────────→ 灵性课程
课程类别 ──────────────→ 大艺术课程 | 大科学课程 | 大人文课程 | 大体育课程
课程实施 ──────────────→ 灵性课堂 | 灵性学科群 | 灵性节日 | 灵性之旅 | 灵性社团 | 灵性赛事
育人目标 ──────────────→ "好学习、善沟通、富爱心、爱运动、有情趣"的灵性少年
```

图2-1 合肥市琥珀中学"灵性课程"逻辑图

二、学校课程结构

根据《国家义务教育课程实验方案》《安徽省义务教育实验课程设置安排表》的要求,"灵性课程"体系按照内容分为四类:大人文课程、大科学课程、大体育课程、大艺术课程。具体课程结构如下图(见图2-2)。

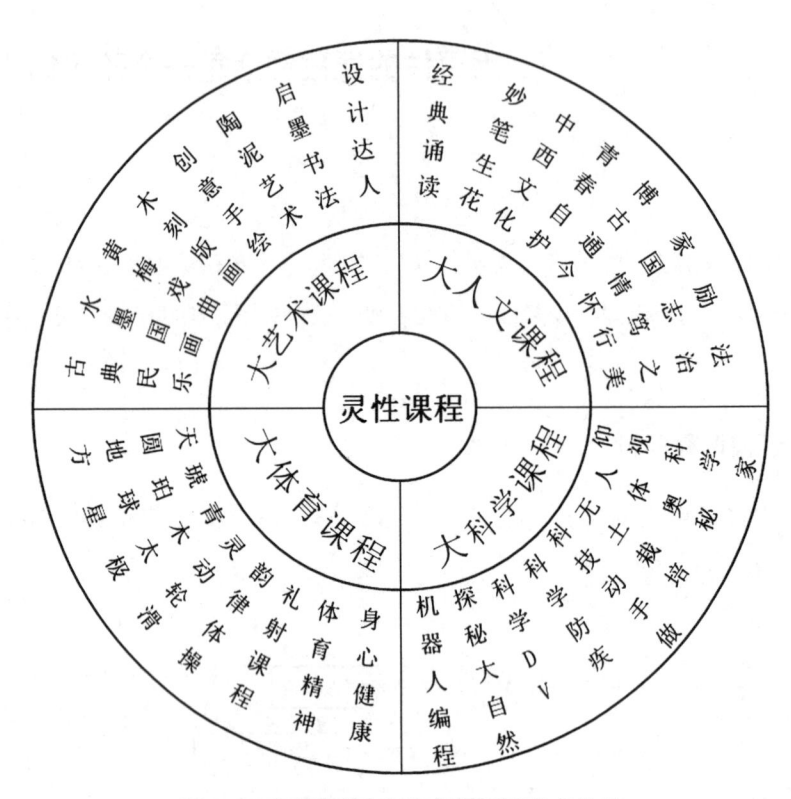

图2-2 合肥市琥珀中学"灵性课程"结构图

三、学校课程设置

每个人有自己的特点,每个人要不一样的课程来支持发展。我校的"灵性课程"强调知识与技能、过程与方法以及情感、态度与价值观的整合。为实现"培养一个有灵性的孩子"的课程建设目标,我们设置如下课程(见表2-2)。

表2-2 合肥市琥珀中学"灵性课程"内容设置表

年级 课程类型	七年级 上学期	七年级 下学期	八年级 上学期	八年级 下学期	九年级 上学期	九年级 下学期
大人文课程	语文 英语 道德与法治 历史 地理 重温经典 玩转音标 以乐悟法 感恩教育 心灵驿站 小小辩论	语文 英语 道德与法治 历史 地理 经典阅读 英妙视听 走进小说 地球气候 口语小达人 公共规则	语文 英语 道德与法治 历史 地理 经典诵读 英语故事 美文共赏 区域地理 我是小记者 青春自护	语文 英语 道德与法治 历史 地理 唐诗宋词 英影配音 妙笔生花 法治之美 国家地理 中西文化	语文 英语 道德与法治 历史 越辩越明 悦读升格 英语写作 文化之美 时政纵横 家国情怀 古文欣赏	语文 英语 道德与法治 历史 人际关系 博古通今 放眼世界 励志写行 世界历史 梦想课程 风采演讲
大科学课程	数学 信息技术 生物 仰视科学家 植物家族 商品数学 植物标本制作 无线电测向 科技动手做 疾病知识	数学 信息技术 生物 多彩几何 人体奥秘 电脑绘画 科学家精神 疾病传播 科技动手做 无土栽培	数学 物理 信息技术 生物 玩转三角形 探秘大自然 物理之象 电子板报 科技小论文 疾病预防	数学 物理 信息技术 生物 昆虫标本制作 方程万百计 生物探究 诺亚方舟 基础编程 探秘大自然	数学 物理 化学 数学与建筑 趣味化学 科学DV 说说公平 科学防疫 机器人编程 自制教具	数学 物理 化学 图形变换 化学实验 多彩物质 疾病宣传 机器人编程 科学DV 数学达人

（续表）

年级	七年级		八年级		九年级	
课程类型	上学期	下学期	上学期	下学期	上学期	下学期
大体育课程	体育 体育与健康 基础篮球 琉珀足球 韵律操 象棋入门 围棋入门 礼射文化 轮滑入门 体育名人	体育 体育与安全 体育精神 篮球技能 足球技能 啦啦操 棋类课程 礼射研习1 轮滑课程 体育节	体育技巧 竞技篮球 跑操 竞技足球 武术操 健美操 棋类课程 轮滑技巧 礼射研习2 太极拳课程	体育技能 竞技篮球 跑操 竞技足球 竞技国球 轮滑超人 棋类课程 太极拳 礼射研习3 体育节	体育特训 竞技篮球 跑操 中长跑 竞技足球 跳绳 韧带拉伸技巧 太极拳 棋类竞赛 礼射研习4	中考体育 竞技篮球 中长跑 竞技足球 跳绳 柔韧大比武 体育精神 礼射研习5 立定跳远 体育节
大艺术课程	美术 音乐 体验水彩画 硬笔书法 剪纸社 合唱社 民族艺术 民乐欣赏 设计初涉 黄梅戏欣赏 版画欣赏 艺术节	美术 音乐 体验陶泥 硬笔书法 音律入门 剪纸 委响民乐 手绘图画 国画欣赏 班徽设计 黄梅戏曲 花草版画	美术 音乐 手工制作 软笔书法 陶艺 街舞 创意手绘 乐曲演奏 花草国画 板报设计 版画雕刻 艺术节	美术 音乐 剪纸 软笔书法 舞台剧欣赏 歌伴舞 陶泥 卡通手绘 绽放舞台 山水国画 班级文化 版画设计	设计之美 书法怡情 舞台剧编排 音乐之声 戏剧赏析 设计达人 卡拉OK 艺术节	音乐剧 书写人生 油画欣赏 西洋乐赏析 油画赏析 戏曲表演 演讲比赛 我艺我秀

第四节

让灵性在成长中绽放

"灵性课程"的实施就是要培养"好学习、善沟通、富爱心、爱运动、有情趣"的灵性少年。我校从"灵性课堂、灵性学科群、灵性节日、灵性之旅、灵性社团、灵性赛事"等维度来推进学校课程实施，让灵性在成长中绽放。

一、构建"灵性课堂"，落实学科基础课程

课程实施最基本的落脚点是课堂教学。我们积极倡导打造共融、生成、探究、愉悦、智慧的"灵性课堂"。

（一）"灵性课堂"的内涵与实践

"灵性课堂"积极提倡遵循教育发展规律和人的身心发展规律。"灵性课堂"就是让师生为实现教学目标，紧扣教学内容，通过平等对话，以探究、生成的方式推动教学活动的课堂。学生动起来，课堂活起来，"灵性课堂"让学生在教师的引领下自主、合作、探究式学习。全校构建教师乐教、学生乐学，充满勃勃生机的魅力校园。"灵性课堂"具有如下"五重"特点：

重共融，课堂上注重师生情感的交流。通过拨动情感之弦，点亮课堂教学明灯，让"教"与"学"更加和谐相悦。通过师生共融的课堂氛围，激发学生的课堂学习动机，以达成在有限的课堂教学时间内，实现学生发展的最大化。

重生成，课堂上重视过程的动态生成。教师在教学前都会依照课程标准和教材，预设教学目标、预设问题情境、预设问题链，引导学生深度思考，激发学生思维，但在实际教学过程中往往难如人所愿，大都会偏离原有的思路和教案，形成课堂生成。灵性课堂就是要求教师善于捕捉一个个瞬间的课堂生成，提高课堂教学效率，彰显

教育智慧，充分预设关注生成。这样，我们的课堂才真正成为学生成长的舞台。

重探究，课堂上重视学生间的合作探究。杜威曾说过："教育是生活的过程，而不是将来生活的预备"，"灵性课堂"让学生掌握寻求解决生活问题的方法，培养学生发现生活意义的能力。

重愉悦，课堂上重视学生的愉悦体验。学生学习的内容从课本知识变为利用所学知识解决真实情境或者模拟真实情境中的问题。学生的学习时空拓展至室外与校外，拥有了解决生活中真实问题的机会。学生通过合作探究成功解决问题，从而产生自我效能感和愉悦的情感体验。

重智慧，课堂让学生从被动的听讲转为主动的探索，提高学生实践能力和创新能力，这样的课堂才会诞生智慧。在每一个孩子拥有文化知识的同时，"明德"且能"自善"，课堂就会变得"灵动"起来：思想飞扬、灵魂高蹈、不拘格套、独抒性灵。

（二）"灵性课堂"的多元评价

"灵性课堂"评价体系是标准，也是教师在日常教学中的依据，旨在引导教师关注课堂、研究课堂，促进教师教学能力的提升，具体如下（见表2-3）。

表2-3 合肥市琥珀中学"灵性课堂"评价表

授课教师		课　题			
学　科		班　级		授课时间	
评价维度	评价指标	评　估　细　则			得分
课堂氛围	重共融（20）分	1. 师生关系民主、和谐、融洽。 2. 师生善于倾听他人观点。教师鼓励每一位学生交流展示。 3. 教师充分发挥组织、引导、调控课堂的主导作用。			
课堂生成	重生成（20）分	1. 课堂预设（目标、重难点、问题）精准、科学、可行。 2. 善于捕捉、利用课堂生成资源，引导学生深度思考。 3. 善于机智处理课堂生成，调整教学内容。			
合作探究	重探究（20）分	1. 充分体现学生的主体地位，学生主动实践、自主探究，在合作交流中形成能力。 2. 学生有强烈的探究欲望，重视对学生思维方式多样化的培养。 3. 注重培养学生发现问题、提出问题和解决问题的能力。			
课堂情感	重愉悦（20）分	1. 学生精神饱满、兴趣浓厚，对新知探究有好奇心和求知欲。 2. 学生讨论问题激烈、课堂气氛活跃。参与面广、参与度深。 3. 学生对探究结果产生自我效能感和愉悦的情感体验。			
学习升华	重智慧（20）分	1. 教学目标紧扣课程标准和学段要求，体现教材特点，符合学情。学生在原有水平上均有提高。 2. 注重提升实践能力和创新能力。 3. 挖掘潜能、催生思想。由知识学习到智慧生成的飞跃。			

二、建设"灵性学科群",全面丰富学校课程体系

灵性学科群以学科课程为核心,以提高学生综合素养为目的,拓展研发丰富多彩的特色学科课程群,全面丰富学校课程体系。

(一)"灵性学科群"的操作

国家课程的实施保证义务教育的基本质量。为了进一步提高学科教学质量、拓宽学生视野、促进学生深入学习,我校根据各学科核心教学内容和要求,开设与国家课程相关的学科延伸课程,建设学科课程群。既达成国家课程的基本目标,又让学生有拓展提升,两者相辅相成,共同实现学校的课程目标,形成特色学科。我校根据学校实际,开发了4+X课程群建设,即围绕语文、数学、英语、体育四个学科的课程群。

各教研组围绕核心学科,在不同年级、学段开设多个延伸课程。学科课程群建设由学科组长统筹,由教研组骨干带领组员进行编写,经过整体规划论证后,由各年级教研组具体负责,分工合作,完成课程的开发。

1."灵慧语文"课程群。语文围绕课程目标中的识字与写字、阅读、写作、口语交际、综合性实践五个领域。开发了灵动书写、灵敏阅读、灵感写文、灵魂交际与灵光实践等多个校本课程。课程设置具体如下(见表2-4)。

表2-4 合肥市琥珀中学"灵慧语文"课程设置表

学段	课程类别	灵动书写	灵敏阅读	灵感写文	灵魂交际	灵光实践
七年级	上学期	楷书	重温经典	我手写我心	这就是我	缅怀先烈研学
	下学期	楷书	走进小说	灵感收集	海之声朗诵	生活中的语文
八年级	上学期	行楷	共赏美文	学写读后感	新闻采访	我是小记者
	下学期	行楷	唐诗宋词	好文不厌百回改	风采演讲	漫步古诗苑
九年级	上下学期	行书	以文悟法	写作升格	辩论	妙笔生花

2."灵性英语"课程群。"灵性英语"课程从学生的生活经验、认知水平和兴趣出发,通过合作、交流、体验等学习方式,发展学生的综合语言运用能力,开发了具有琥珀特色的"5C英语"课程群。课程设置具体如下(见表2-5)。

表 2-5 合肥市琥珀中学"灵性英语"课程设置表

课程类别 / 学段		Creation	Cooperation	Cuture	Competition	Comprehension	
七年级	上学期	Play with phonics 玩转音标	Role play 角色扮演	Music time 音乐时间	Story Telling 讲故事	Self-introduction time 自我介绍	Talker 外教课
	下学期	Talk show 脱口秀	Topic conversation 话题交流	Movie time 美妙视听	Story Competition 讲故事比赛	Imitation show 模仿秀	Culture in Mind—Britain 问问西东
八年级	上学期	Talk show 脱口秀	Free talk 漫谈	Story time 欣赏故事	English Speech 英语演讲	Discussion 讨论	Culture in Mind—America 问问西东
	下学期	Duty report 每日汇报	Situational conversation 情境对话	Funny Dubbing 趣味配音	Speech Competition 演讲比赛	Poems 欣赏诗歌	Culture in Mind—Australia 问问西东
九年级	上学期	Talk show 脱口秀	Stage play 小演员,大舞台	Story time 故事时间	English Debating 英语辩论	Survey 调查	Culture in Mind—Canada 问问西东
	下学期	Short play 英语短剧	Oral report 口头报道	Dubbing 电影配音	Poem Competition 诗歌比赛	Survey 调查	Culture in Mind—India 问问西东

3."灵智数学"课程群。"灵智数学"课堂旨在追求知从灵生，灵由智始，灵智共生的境界，也就是通过灵动的方式获得知识，再从获得的智慧中发展灵动的思维。"灵智数学"课程分为灵智运算、灵智创意、灵智统计、灵智体验四大类别。通过灵智数学节、灵智数学社团等多种形式拓宽学生思维，让学生充分感受数学的魅力。课程设置具体如下（见表2-6）。

表2-6 合肥市琥珀中学"灵智数学"课程设置表

学段	课程类别	灵智运算 （数与代数）	灵智创意 （图形与几何）	灵智统计 （统计与概率）	灵智体验 （综合与实践）
七年级	上学期	"有理"世界	多彩几何	数据处理	数学与医学
	下学期	"实数"大家庭	"线"制想象	统计初步	纳米材料奇异特性
八年级	上学期	"一次函数"智多星	玩转三角形	"数字"说道	边边角角
	下学期	"方程"方百计	图案镶嵌	"数据"学问	数学沉思录
九年级	上学期	商品数学	数学"黄金"	认识概率	建筑与数学
	下学期	运算技能	图形变换	说说公平	遗传与概率

4."灵动体育"课程群。体育与健康课程注重与学生的学习、生活经验相联系，引导学生体验运动乐趣，提高学生体育与健康学习动机水平。我校的礼射拓展性课程深受孩子的喜爱和欢迎。课程设置具体如下（见表2-7）。

表2-7 合肥市琥珀中学"灵动体育"课程设置表

学段	课程类别	忆礼	识礼	思礼	记礼	行礼
七年级	上学期	知礼	礼仪规范	生活礼仪	儒家乐教	守礼
	下学期	乡射礼常识	礼乐人生	乡射礼流程	中国传统礼仪	古现代礼仪比对
八年级	上学期	国学与礼仪文化	礼乐文化之礼	礼乐文化之乐	国学礼仪	中华文明
	下学期	礼射文化	礼射八法研习（上）	礼射八法研习（中）	礼射八法研习（下）	礼射
九年级				礼射展示		

（二）"灵性学科群"的评价

学科拓展课程可以从课程目标、实施过程、教学资源、实施效果等方面进行评价。具体如下（见表2-8）。

表2-8　合肥市琥珀中学"灵性学科群"评价表

评价项目	评价要点	等级（优/中/差）
课程目标	是否明确清晰	
	是否符合学科特点	
	是否遵循学科逻辑顺序	
	是否促进思维发展	
实施过程	是否深度参与	
	是否愉悦体验	
	是否合作探究	
	是否情感交流	
教学资源	是否丰富	
	是否有效整合	
	是否符合学科特点	
	是否符合学生发展要求	
实施效果	是否促进了学生的发展	
	是否调动了学习兴趣	

每学年结束时，学校要召开任课教师和学生会议，听取任课教师和学生对所开课程的意见，及时修正不足，完善方案。邀请专家对我校课程进行考察，并给予建设性的意见和建议。

三、创设"灵性节日"课程，浓厚学校课程实施氛围

多彩的灵性节日课程使学生课余文化生活得以丰富，学生的学习生活热情得以激发，从而增强凝聚力、树立团结意识、激发爱国热情、培养社会责任感。

（一）"灵性节日"的实施

灵性节日课程包含科技节、读书节、体育节、艺术节、外语节、文化节六大类，目的是展示学生的兴趣特长，促进学生个性化发展。具体安排如下（见表2-9）。

表2-9　合肥市琥珀中学"灵性节日"安排表

	内　容	活动目标	活动时间	活动实施
科技节	1. 科幻画创作	培养科学思维，发挥想象力	5月上旬	艺体组组织
	2. 科技动手做	激发兴趣，锻炼动手能力	5月中旬	艺体组组织
	3. 科技DV	激发灵感，培养能力	5月下旬	艺体组、语文组组织
读书节	1. 征文比赛	热爱阅读，热爱写作	4月中旬	语文组组织
	2. 演讲比赛	锻炼口才，展示自我	4月下旬	语文组组织
体育节	1. 秋季运动会	强身健体，培养集体荣誉感	9月下旬	体育组组织
	2. 篮球足球联赛	发挥特长，培养集体荣誉感	10月中旬	艺体组组织
	3. 广播操比赛	锻炼集体意识与合作能力	11月下旬	艺体组组织
艺术节	1. 文艺汇演	展示特长，培养高雅情趣	5月中旬	政教组组织，艺体组负责
	2. 卡拉OK赛	放飞梦想，引吭高歌	5月下旬	政教组组织，艺体组负责
	3. 乐器演奏	展示才艺，飞扬青春	5月下旬	艺体组负责
	4. 艺术展演	以艺载德，以艺促智	5月下旬	艺体组负责
外语节	1. 单词听写大赛	增强兴趣，分享经验	12月上旬	教研处负责
	2. 英语演讲大赛	展现自我，分享成果	12月中旬	教研处负责
	3. 电影配音大赛	展示自我，共同进步	12月下旬	教研处负责
文化节	1. 班徽设计	锻炼想象力和动手能力	9月中旬	艺体组负责
	2. 班级布置	培养创新和审美能力	9月下旬	政教组组织
	3. 摄影展示	抓住美，创造美	10月上旬	政教组组织

（二）"灵性节日"课程评价

根据灵性节日的组织形式不同，其评价方式也多元化，有的根据设计比赛规则进行评分，有的从学生的活动表现、活动能力、活动结果进行评分。具体如下（见表2-10）。

表2-10 合肥市琥珀中学"灵性节日"评价表

"灵性节日"学生活动评价表				
活动内容：		班级：	姓名：	
评价项目	评价要点	自评	组评	师评
活动表现	认真参加每一次活动			
	努力完成自己承担的任务			
	做好资料积累和处理工作			
	主动提出自己的设想			
	乐于合作，能和同学交流，尊重他人			
	准备工作充分			
	善于提问，乐于研究，勤于动手			
	能及时总结经验教训			
	实事求是，尊重他人想法与成果			
	不怕吃苦，勇于克服困难			
活动能力	获取信息途径、方法多样			
	能运用已有知识解决问题			
	有求知的好奇心、探索的欲望			
	独立思考、自主学习，主动发现问题、提出问题、寻求解决问题的方法			
	积极实践，发挥个性特长，施展才能			
活动结果	收获大，体会深			
	成果多，形式多种多样			
	交流、汇报积极			
	展示效果好			
	作品或设计有创意			
总　评				
说明：1. 评价结果分为A、B、C、D四个等级。 　　　2. A：好；B：较好；C：一般；D：较差。 　　　3. 评价要点可根据各校区实际情况添加或删除、修改。				

四、开展"灵性之旅"，全面推进社会实践课程

当今，学生的学习场所不再拘泥于课堂，学习内容也不再拘泥于课本。研学游可以实现理论与实践、知识与生活的深度融合。研学旅行课程是我校

重要的社会实践课程。我校充分利用社会资源、自然资源，让学生拓宽视野、磨炼意志、提高素质。通过参观访问、调查研究、劳动实践、撰写心得等多种形式提高学生的综合实践能力。

（一）"灵性之旅"的实施

"灵性之旅"倡导学生走进大自然、走入社会，以社会实践为载体，学校设计"灵性之旅"主题研学课程，由德育处负责组织，活动前进行研学讲座，学生带着问题出发，活动后开展系列展示活动，让人人研学有收获。具体安排如下（见表2-11）。

表2-11　合肥市琥珀中学"灵性之旅"安排表

研学名称	活动目标	活动时间	活动实施
1. 徽文化研学	热爱家乡，了解安徽	3月中旬	政教处组织
2. 庐江苗圃劳动实践	亲近自然，热爱劳动	3月下旬	政教处组织
3. 植物园徒步体验	锻炼毅力，培养恒心	4月上旬	政教处组织
4. 苏州园林建筑与美学研学	学会欣赏，培养兴趣	4月下旬	政教处组织
5. 参观省博物馆	丰富历史文化知识	5月中旬	政教处组织
6. 土培基地劳动体验	自己动手，丰衣足食	6月上旬	理化生组组织
7. 渡江战役纪念馆研学	了解历史，以史为鉴	7月中旬	政教处组织
8. 海外文化交流研学	开拓视野，加强交流	7月下旬	教导处组织
9. 南京爱国主义研学	热爱祖国，居安思危	9月下旬	政教处组织
10. 参观地质博物馆	拓展知识，提高素养	10月中旬	政教处组织
11. 市科技馆一日游	普及科学知识	10月中旬	政教处组织
12. 合肥工业研学	了解家乡，热爱家乡	10月下旬	政教处组织
13. 参观科大实验室	感受科技命脉	11月上旬	政教处组织
14. 董铺水库观鸟	关爱生命，热爱科学	11月下旬	政教处组织

（二）"灵性之旅"评价

"灵性之旅"课程评价围绕学生问卷、小组评价、教师评价三个维度共同进行。活动结束后，以演讲、征文、摄影展、调研报告等多种形式进行交流、展示。

五、推行"灵性赛事",激发学生参与课程的兴趣

学校创设"灵性赛事",目的是为学生搭建发挥特长、展示风采的平台,让学生在活动中体验成功的快乐。同时也让学生在比赛中感受竞争的压力,接受挫折教育。

(一)"灵性赛事"的实施

主题明确、形式多样的各类赛事也是学校课程实施的一个重要组成部分。学校围绕"让每一个孩子成为美丽的琥珀"这一课程理念,将全体学生都能参与的赛事活动课程化、系统化,让丰富多彩的赛事活动成为各学科课堂教学的延伸,由各学科组组织实施。

(二)"灵性赛事"评价

比赛是我校促进学生学习与进步的一种课程形式,通常根据不同的赛事事先设计比赛规则或评分标准,通过颁发奖杯或奖状来进行评价。根据学生的参与面分设集体奖或个人奖项,如广播操比赛、汉字书写大赛、篮足球联赛、数学解题能力大赛均按班级获得的总分高低设集体一、二、三等奖和优秀组织奖,征文比赛、演讲比赛、英语讲故事比赛等根据评分标准分设个人一、二、三等奖和鼓励奖。学生参与赛事的情绪高涨,学生集体荣誉感和自我成就感也随之增强,这也成为促进我校学生追求进步的强大动力。

六、建设"灵性社团",发展学生兴趣爱好

基于"让每一个孩子成为美丽的琥珀"的课程理念,学校灵性社团课程的开发与实施趋于多样化、规范化、正常化、品牌化的发展之路。

(一)"灵性社团"的实施

每学期开始,学校根据学生的个性需求,推出门类繁多的社团30多种供学生自主选择,各校区各社团通过选课的方式招募社团成员,根据选课情况聘请专业教师授课。五里墩校区周三下午三四节课,琥珀山庄校区、龙居山庄校区、南岗校区都在周五下午三四节课安排社团课,学生参与率达到了100%。

(二)"灵性社团"的评价

"灵性社团"的评价以日常考核和社团嘉年华两种形式相结合,对于优秀

的社团和优秀学员给予表彰。

总之,我校秉承以学生的全面可持续发展为根本,确立"灵性教育"的课程哲学及"让每一个孩子成为美丽的琥珀"的课程理念。根据学生核心素养发展需求,不断整合校内外课程资源,建立严谨的课程图谱,通过多种途径拓宽学生思维认知,实现学生学习方式的适度变革,帮助学生心灵成长,使生命由内而外焕发出"琥珀"般的光泽。全体师生共怀"琥珀愿景",共同缔造温润剔透的"琥珀"学子。

(撰稿者:王瞻权　黄　勤　梁　蕾)

第三章

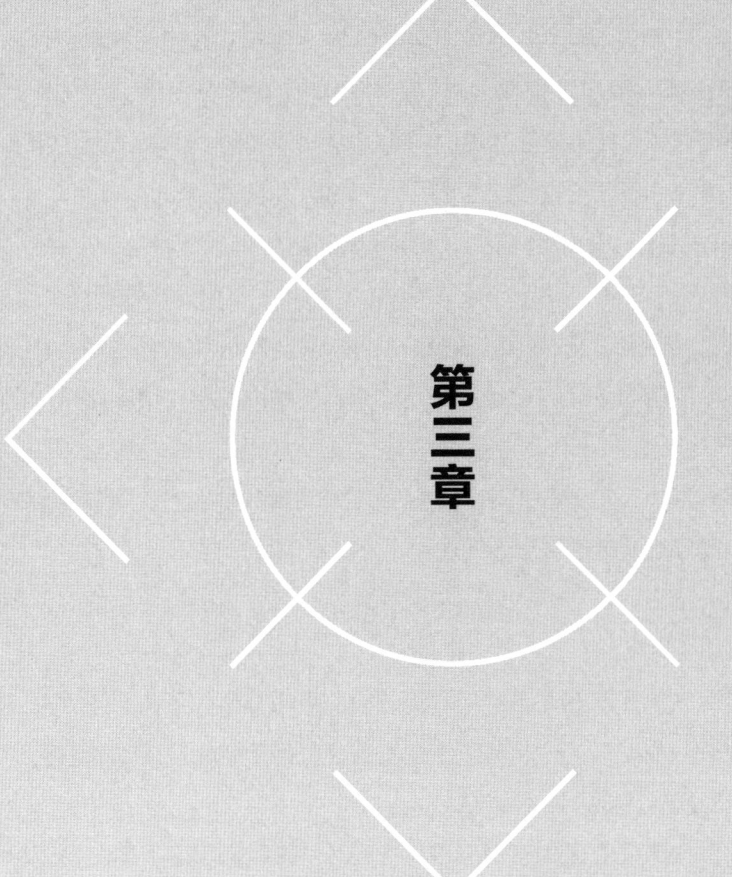

循序渐进，设置课程目标

目标是对活动结果的预期及主观设想，课程目标是课程本身要实现的目标和意图，是课程实施过程中努力的方向，它应当定位于教育内部的教育与学生的关系。作为学校课程的设计者应当做到有的放矢，设计具体化、可测量的课程目标，厘清课程架构，建构个性化学校课程。

拉尔夫·泰勒曾对课程建构提出四个问题：学校应达到哪些教育目标？需要提供哪些教育经验才能实现这些目标？如何才能有效组织这些教育经验？如何确定这些目标得到了实现？[①]确立课程目标是学校课程规划的重要环节，它不仅是课程规划的方向，也是后续评估课程实施效果的标准。

学校课程目标的设置不能是凭空想象的空中楼阁，找准自己的立足点才能脚踏实地，稳步向前。每所学校的校情、学情各有不同，必须从自身出发，明晰本校的优势劣势，充分考虑学校的发展历史、校园文化、办学条件、师资力量、社会影响力等，才能确定真正适合本校学生发展、切实可行的课程目标。

确定课程目标不但要深度挖掘学校各方面的资源和优势，同时也要深刻反思学校在发展过程中暴露出的问题和不足。课程目标也并不是一成不变的，随着新课改的推进，学校课程体系需要不断地改进，在学校课程规划和实施过程中进行动态调整。

培养全面的、完整的人是学校教育的出发点和归宿，因此学校课程应当以对人的理解为依据而产生，基于学生发展，服务于学生发展，以有利于达成学生终身发展的目标为根本要求。[②]

有些学校在课程的建构和规划中考虑到了"人"的因素，但却由于种种原因使得学校课程的设计和实施偏离了"人"实际发展的轨道。学生作为教育教学过程中最重要的"人"，学校课程的设计应当充分考虑到学生普遍的身心发展规律，还应当在具体的课程活动中去把握鲜活的学生个体。课程设计时需要从学生与课程的关系结构出发去理解学生，如此才能确立合理可行的符合学生身心发展的学校课程目标。

学校教育的进程与社会的发展密切相关，因此课程目标的制定不仅要满足学生个人发展的需要，还要满足社会发展进步的需求。随着世界信息化发展，国际竞争日益激烈，对于开拓性和创新性人才的需求也更加迫切。因此学校需要用更开放的心态来面对人才的培养，着力于引导学生的终身发展，

---

① 拉尔夫·泰勒.课程与教学的基本原理（英汉对照版）[M].北京：中国轻工业出版社，2008：6-44.

② 袁立新.如何自主确立学校课程目标——以景山学校课程目标制定为例[J].北京教育（普教版），2016（11）：39-40.

培养学生的合作精神、创新开放性思维，提高学生发现问题、分析问题和解决问题的能力。

随着时代的发展，社会所需要的人才也在不断改变。现在学校的教育一定是为将来学生个人发展与社会进步服务的，因此学校课程目标还应当基于当前社会的发展需求，把握未来的发展趋势。

（撰稿者：赵　青）

学校坐标　**合肥市凤凰城小学**
课程模式　**小凤凰课程：让每个孩子成为展翅的凤凰**

合肥市凤凰城小学成立于2006年，地处合肥市蜀山区史河路69号，占地面积11000平方米，绿化面积3000平方米，校舍建筑面积5800平方米。学校拥有微机室、科学实验室、舞蹈室、书法教室、音乐教室、心理辅导室、创新实验室等功能教室，200米环形跑道、篮球场、校园音乐广播系统、校园广播站，学校布局合理，环境优美。学校秉承"真""善""美"的凤凰文化精神，以"至美教育"为课程哲学，确定了"让每个孩子成为展翅的凤凰"的课程理念，推进"小凤凰课程"。学校先后承担全国、省、市级课题研究工作，走提升学校办学品质和文化内涵发展之路。

第一节

让每个孩子成为展翅的凤凰

课程哲学是课程的灵魂，是学校发展的原动力，是师生共同的愿景，是贯穿和引领学校课程建设的核心。学校致力于通过课程建设，提升学生综合素质，让每个孩子成为展翅的凤凰。

一、学校教育哲学

中国的传统文化中，凤凰是"真""善""美"的化身，经过十多年的文化积淀，学校逐步凝练出"以美养德、以美启智、以美健体、以美塑美、以美育劳"的核心育人价值取向，简称"至美教育"。至美教育是：美在其真的教育、美在其善的教育、美在其淳的教育、美在其雅的教育。

至美教育是美在其真的教育。教育学生说真话、做真人是教育的真谛，求真理是求学的最高境界。

至美教育是美在其善的教育。善的教育是让学生知道什么是善良。通过具体的情境，感悟善良的真谛，让学生成为一个善良的人，一个懂得感恩的人。

至美教育是美在其淳的教育。淳的教育也叫熏陶教育，通过环境熏陶、行为暗示等方式，让学生在耳濡目染中受到心灵感化，达到此时无声胜有声的效果，达成润物细无声的境界。

至美教育是美在其雅的教育。雅的教育就是培养高雅、博雅的学生，培养博学多才、温文尔雅的至美少年，这正是至美教育的培养目标。

基于上述教育哲学，我们提出学校的教育信条：

我们坚信，儿童是至美的花朵；

我们坚信，学校是创造美的乐园；

我们坚信，教师是播撒真善美的园丁；

我们坚信，至真至善至美是幸福的教育追求；

我们坚信，做至美的自己是教育最本真的姿态。

二、学校课程理念

学校在贯彻国家课程、地方课程的前提下，立足发展，以"至美"文化作为学校的核心文化，把"至美"作为育人之本。以活动为源，以质量为基，培养高素养的"至美少年"，建立"至美"品牌学校。基于此，我校提出了"让每个孩子成为展翅的凤凰"的课程理念。我们认为：

——课程即美的源泉。新课程理念强调注重课程与生活的密切联系，让学生发现美、创造美、感受美，发展学生创造美好生活的愿望和能力。

——课程即教学相长。课程要尊重学生的已有知识和经验，倡导自主、探究、合作的学习方式，发挥教师主导、学生主体的作用，充分让学生动口、动脑、动手，让师生充分参与到学习活动中去，实现教学与课程的完美融合，达到师生共同成长的目的。

——课程即敬畏生命。生命是无价的，课程就是要实现让学生珍爱生命、热爱生活的美好感情，需要学生懂得生命的美好。

第二节

让每一个孩子成长为"至美少年"

学校秉承"至真至善至美"的办学理念，积极践行"至美教育"哲学，提出了学校的培养目标以及相应的课程目标。

一、育人目标

我校的育人目标是：培育"言美行雅、博观约取、体勤健美"的"至美少年"。具体表述如下：

言美行雅：讲文明、守纪律、意坚定；

博观约取：广见闻、深钻研、善践行；

体勤健美：爱劳作、勤运动、会审美。

二、课程目标

我校制定的课程目标是为了实现育人目标。我们把"言美行雅、博观约取、体勤健美"这三个培养目标进行细化，形成低、中、高年级的分级段课程目标（见表3-1）。

表3-1 合肥市凤凰城小学"小凤凰课程"目标表

目标＼年级	低年级	中年级	高年级
言美行雅	培养良好的学习习惯和行为习惯，并在学习生活中逐步培养关心他人、保护环境的优良品质；培养基本的生活自理能力与学习成长自信；逐步培养爱父母、爱班级、爱老师、爱同学、爱学校、爱党爱国的真实情感，尽快适应小学生活。	懂得作为学生的基本义务与责任，养成良好的行为习惯，拥有强烈的社会责任感，具备必要的处事能力；形成较强的自信心，团结同学，互帮互助，充满活力，拥有智慧和创造力；初步养成爱父母、爱班级、爱老师、爱同学、爱学校、爱党爱国的真实情感。	培养勤俭节约的良好品质，学会基本的火灾、地震逃生常识，懂得保护自己的生命及财产安全；保持积极进取的心态，懂得为人处事的基本道理，树立正确的人生观、价值观，具有积极向上的人生态度，明确人生的价值、意义，能够正确处理个人与集体、社会的关系，做到知行合一；积极表达爱父母、爱班级、爱老师、爱同学、爱学校、爱党爱国的真实情感。
博观约取	有主动学习的愿望，努力培养良好的学习习惯；激发广泛学习多种文化知识的兴趣；对周围的事物有好奇心，能用口头表达自己的见闻和想法。	对学习形成浓厚的兴趣，培养主动学习的习惯；培养留心观察周围事物的习惯；有意识地丰富自己的见闻，珍视个人的独特感受，对自己感兴趣的内容能进行进一步探究；积极参与各类活动，能用文字的形式记录活动的过程。	对学习保持浓厚兴趣，对学习的多种文化知识有自己的心得，能提出自己独特的看法，并能运用合作的方式，共同探讨、分析、解决疑难问题；关心学校、本地区和国内外大事，就共同关注的热点问题，有搜集资料，相互讨论，用文字、图表、照片等展示学习成果的能力。
体勤健美	树立正确的劳动观念，激发参与热情，培养学生热爱劳动的习惯，锻炼动手操作能力；积极参与体育活动，感受体育活动给自己的生活带来的乐趣；认识美，进行审美启蒙教育，培养学生对艺术的兴趣和爱好，形象感知音乐旋律变化，掌握基本绘画技巧。	喜欢参加劳动活动，培养负责、守纪、耐心、细致的劳动品质，初步树立勤俭质朴和环境保护意识，指导学生在劳动实践中运用学到的基本知识，并形成一定技能；形成参与运动的兴趣和爱好，养成坚持锻炼的习惯，发扬坚持拼搏的体育精神，形成积极进取、乐观开朗的生活态度；体验和创造性地表现生活中的美。	通过劳动教育，增强学生动手能力；能积极参加体育活动，保持愉快的心情，使性格变得开朗大方，形成灵敏、力量、耐力、协调等身体素质，并成为特长项目；敢于将自己的奇思妙想描绘出来，培育学生高尚的审美意识和理想的审美能力。

第三节

"小凤凰课程"促学生全面提升

为了使课程规划顶层设计具有科学性、先导性，厘清课程元素间的合理逻辑，让课程成为上承教育哲学，下启育人目标的载体，学校基于"至美教育"哲学和"至真至善至美"的办学理念，构建了"小凤凰课程"体系，促进学生综合素质全面提升。

一、学校课程逻辑

我们遵循"至真至善至美"的办学理念，以"本真至美，求真向善"为价值取向，实践"让每个孩子成为展翅的凤凰"的课程理念。在"小凤凰课程"中融入课程新理念，努力将三类课程特色化、校本化，注重课程统整，形成品牌课程，课程的逻辑图如下（见图3-1）。

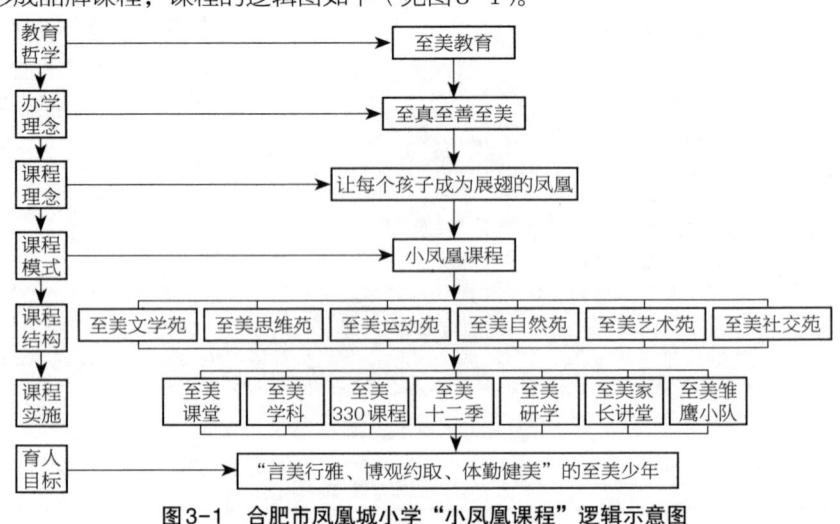

教育哲学	至美教育
办学理念	至真至善至美
课程理念	让每个孩子成为展翅的凤凰
课程模式	小凤凰课程
课程结构	至美文学苑　至美思维苑　至美运动苑　至美自然苑　至美艺术苑　至美社交苑
课程实施	至美课堂　至美学科　至美330课程　至美十二季　至美研学　至美家长讲堂　至美雏鹰小队
育人目标	"言美行雅、博观约取、体勤健美"的至美少年

图3-1　合肥市凤凰城小学"小凤凰课程"逻辑示意图

二、学校课程结构

"小凤凰课程"是整合国家课程、地方课程和校本课程这三类课程构建的,分至美文学苑、至美思维苑、至美艺术苑、至美运动苑、至美自然苑、至美社交苑六大类课程(见图3-2)。

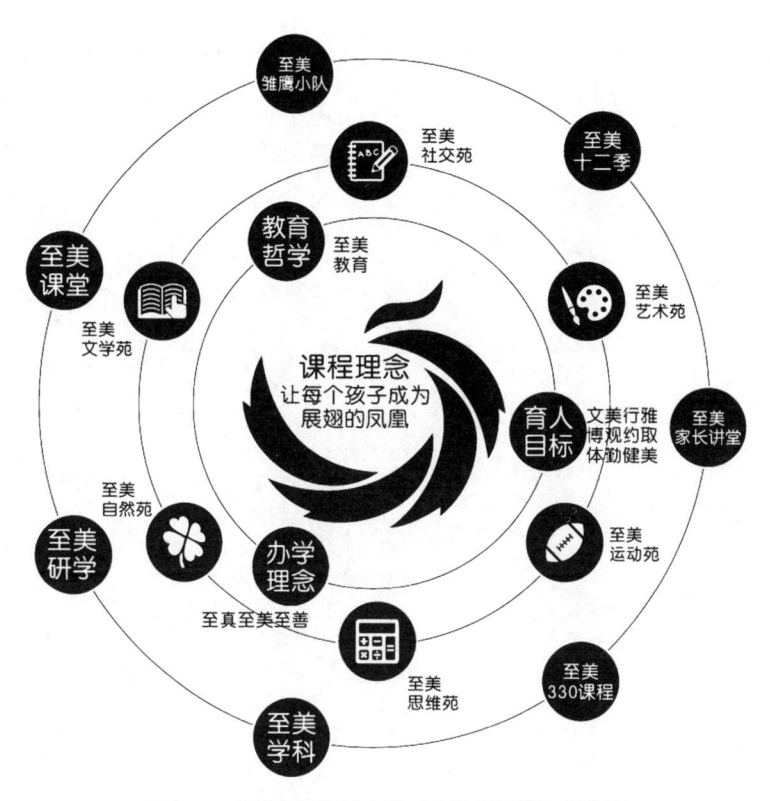

图3-2 合肥市凤凰城小学"小凤凰课程"结构图

三、学校课程设置

根据"小凤凰课程"结构图,结合学校课程资源情况,对"小凤凰课程"内容进行系统构建(见表3-2)。

表3-2 合肥市凤凰城小学"小凤凰课程"设置表

课程	基本课程	特色课程	课程目标
至美文学苑（语言交流）	语文、英语	具体课程："故事王国""七彩语言""快乐英语""绘本欣赏"等	学生在语言学习过程中，养成良好的审美习惯，展示自我，培养合作意识，形成正确的三观；树立阅读的信心，知道运用语言的方法，感受语言的魅力；学会探究性学习，掌握运用语言的方法。培养学生阅读能力，教会学生阅读方法；学会积累语言素材，并熟练运用，感受文学艺术美和情感体验；能清楚准确地进行书面表达；学会运用多种表达方式进行写作；学会口语交际的基本方法，能与他人进行交流表达，学会使用文明用语和口语表达技巧。能用语文工具书查询相关资料。
至美艺术苑（艺术审美）	音乐、美术	具体课程："悠悠竖笛""戏说黄梅""庐剧舞台""科幻画"等	能感受音乐旋律，并体会情感。了解地方音乐和戏剧，体会音乐风格，能用戏剧等音乐调节生活情绪。掌握节奏、旋律、音调等简单的乐理知识，会简单的齐唱、合唱和独唱。能对歌唱进行简单的判断和评价。知道绘画的相关知识，学会审美，并进行简单的艺术创造。
至美运动苑（运动健康）	体育	具体课程："绳舞飞扬""摇摆空竹""疯狂篮球""竹竿之舞""啦啦操之舞"等	养成爱运动并坚持进行体育锻炼的好习惯。掌握体育锻炼的科学方法，学会简单的护理知识。讲究卫生，有健康的个人生活习惯。有健康的体魄和初步的环境适应能力。增加体育锻炼，有较强的免疫能力。掌握至少一项以上的体育技能。
至美思维苑（数理逻辑）	数学、信息技术	具体课程："方格中的数学""美丽的圆""旅行家""网络高手"等	掌握基本的数学知识，会运用知识解决简单的数学问题。学习数学过程中，培养观察能力、思维能力、推理能力以及解决问题的相关能力。学会简单的信息技术，能运用信息技术制作简单的PPT、动画以及办公软件，激发学习数学和信息技术的兴趣，为今后学习打下基础。
至美自然苑（自然探索）	科学、劳动、综合实践	具体课程："美丽三河""自制手电筒""对称的人体结构""搜集种子"等	学会简单的、比较浅显的科学知识，会做简单的科学实验，养成科学严谨的习惯，激发学习自然科学的兴趣；培养乐于探究、爱好钻研的精神，发展思维能力、推理能力、分析能力；激发求知欲，形成良好的情感、态度和价值观；培养学生热爱自然、热爱生活、积极乐观的情感和态度。
至美社交苑（人际交往）	道德与法治	具体课程："庐州小吃大搜索""男孩女孩""学当主持人"等	学会交往，学会沟通，学会合作，注重融入社会。注重良好人际关系的建立，正确对待人际交往的情感体验，学会交往的技巧，能真诚地提出自己的想法和观点，并为对方所接受。与父母之间进行平等对话交往，愿意向家长述说自己的想法等。

根据上表，学校对特色课程按照年级水平进行设置，构建了"小凤凰课程"具体框架（见表3-3）。

表3-3 合肥市凤凰城小学"小凤凰课程"具体框架表

年级	至美文学苑	至美艺术苑	至美运动苑	至美思维苑	至美自然苑	至美社交苑
一上	三字经百家姓	认识打击乐	跳跳乐	小小建筑师	感知信息	凤小新主人
一下	绘本欣赏	体验水彩画	快乐轮滑	小小商店	花坛里有啥	凤小寻宝
二上	故事王国	操作打击乐	疯狂篮球	有趣七巧板	节约用水	认识花灯
二下	自然拼读	快乐卡通画	乒乓乓乓	小小整理师	观察金鱼	学做花灯
三上	唐诗诵读	五线谱入门	绳舞飞扬	扑克大师	凤凰展翅	庐州小吃大搜索
三下	七彩语言	悠悠竖笛	玩转呼啦圈	数字魔法	美丽三河	品尝庐州小吃
四上	宋词赏析	了解地方戏	摇摆空竹	神秘音乐馆	对称的人体	学做庐州小吃
四下	英语故事会	儿童创想画	猎狐行动	方格中的数	自制手电筒	走进食文化
五上	名著欣赏	西洋乐曲	竹竿之舞	家庭会计师	搜集种子	让我们更美丽
五下	用餐文化	剪纸纸塑	啦啦操之舞	美丽的圆	飞天梦想	开个生日Party
六上	小古文100篇	庐剧舞台	快乐足球	网络高手	稳定三角形	学当主持人
六下	中国传统礼仪	科幻画	快乐足球	旅行家	多变的月亮	男孩女孩

四、学校课程内容

根据"小凤凰课程"，结合学校实际情况，根据学生的实际特点，对课程的内容体系进行系统设置（见表3-4至表3-9）。

表3-4 合肥市凤凰城小学"小凤凰课程"一年级课程设置

课程维度	实施年级	微型课程	学习目标	课程资源	活动设计
至美文学苑	一上	国学经典	初步激发朗读的兴趣，鼓励持久学习经典，学会更多的文学知识，丰富文学素养。	经典书籍、百家姓、三字经、千字文等	1.经典诗文进课堂 2.亲子共读一本书
至美文学苑	一下	绘本阅读	进一步激发阅读兴趣，丰富文学知识积累，初步学会阅读绘本的方法。	儿童经典绘本	1.开设相关课程 2.绘本手抄报评比
至美艺术苑	一上	认识打击乐	认识了解课堂打击乐器。	音乐教程	认识课堂打击乐

(续表)

课程维度	实施年级	微型课程	学习目标	课程资源	活动设计
至美艺术苑	一下	体验水彩画	认识水彩，感受水彩的魅力。	美术教程	动手画一画
至美运动苑	一上	跳跳乐	能够自己设计出要跳的房子形状及规则。	小广场	设计跳房子的规则
	一下	快乐轮滑	锻炼身体的协调能力，体验轮滑带来的快乐。	轮滑	举行轮滑比赛
至美思维苑	一上	小小建筑师	1.在活动中，加深对各种立体图形的认识。2.经历活动过程，感受立体图形的特点，发展学生空间能力和想象能力。3.培养学生动手能力和与人交往合作能力。	长方体、正方体、圆柱、球的模型	搭建各种城堡、建筑物形状
	一下	小小商店	1.让学生了解物品价格，培养学生收集信息的能力。2.经历购物的过程，了解人民币的单位换算，掌握简单的加减法计算。	准备的物品，标上不同的价钱，学具钱币	学生用学具钱币，真实模拟购物过程
至美自然苑	一上	感知信息	多感官获取信息，进一步感受美、发现美。	"盲人猜物"游戏材料，教学辅助课件	做盲人摸象的游戏
	一下	花坛里有啥	认识花坛里的植物，了解相关知识。	学校花坛	观察植物，并分享交流
至美社交苑	一上	凤小新主人	1.让学生辨识位置和方向，培养空间感觉。2.培养学生观察和交流的能力。	学校平面图校园功能教室	1.观察校园 2.仔细查看校园的相关建筑物，并熟悉功能
	一下	凤小寻宝	1.比较植物的形状，感知不同植物的形状特点。2.观察植物的生长情况，并做好记录。	植物园	1.说出植物的名字，观察叶子的形状 2.了解植物生长的环境

表3-5 合肥市凤凰城小学"小凤凰课程"二年级课程设置

课程维度	实施年级	微型课程	学习目标	课程资源	活动设计
至美文学苑	二上	故事王国	能比较流利讲一个故事，懂得小故事大道理。	学生自购	1. 亲子故事会 2. 讲故事比赛
	二下	自然拼读	掌握自然拼读的方法，能阅读大量的书籍，增加阅读量。	图书室、学生自购	1. 学生自由阅读 2. 拼音学习
至美艺术苑	二上	操作打击乐	用打击乐器为歌曲伴奏。	音乐教程	通过节拍训练，用课堂乐器伴奏。
	二下	快乐卡通画	了解卡通人物，动手画一画。	美术教程	动手画一画
至美运动苑	二上	疯狂篮球	掌握拍球的动作方法。	篮球场	拍球比多
	二下	乒乓乒乓	掌握乒乓球基本动作。	乒乓球	学会颠球
至美思维苑	二上	有趣的七巧板	了解七巧板的定义、结构及相关历史，感受七巧板的奥秘。	七巧板	1. 介绍七巧板 2. 动手制作七巧板 3. 创造七巧板图案 4. 七巧板作品展示
	二下	小小整理师	提高学生分类整理的能力，扩大生活经验，提高生活能力，感受数学与生活实际的联系。	家庭常用衣物等	1. 介绍自己的分类依据 2. 进行分类整理比赛 3. 比比谁的分类标准多
至美自然苑	二上	节约用水	知道水对人类的重要性，会在日常生活中养成节约用水的意识。	相关视频和展板	观看节约用水有关的视频和展板
	二下	观察金鱼	认识金鱼的身体结构和生活习性。	金鱼	学生观察金鱼，了解金鱼结构中鱼鳍、鱼鳞和鱼鳃的作用
至美社交苑	二上	认识花灯	知道花灯的相关知识，感受传统文化的魅力。	花灯图片、花灯模型及资料	1. 教师介绍花灯相关知识 2. 带领学生猜灯谜
	二下	学做花灯	学会制作花灯，装饰花灯，感受民间民俗活动传承的历久弥珍的传统文化。	花灯制作材料	1. 制作花灯 2. 举行花灯巡游

表3-6 合肥市凤凰城小学"小凤凰课程"三年级课程设置

课程维度	实施年级	微型课程	学习目标	课程资源	活动设计
至美文学苑	三上	唐诗诵读	激发创新思维，为学生终身学习奠定基础。	学生自备	1. 诵读我最行 2. 诗配画 3. 诗配乐表演
	三下	七彩语言	让学生进一步感受美，增加愉悦感，感受文学艺术的精彩，并对其产生浓厚的兴趣。	参加学校小主持人社团	1. 开展讲故事活动 2. 小小主持人展示
至美艺术苑	三上	五线谱入门	学习认识五线谱及相应的音乐记号。	音乐教程	从谱表、谱号、音符三个方面展开
	三下	悠悠竖笛	了解竖笛的起源，学习简单的竖笛吹奏（单音、连音、换气等）。	竖笛视频	学会吹气、换气
至美运动苑	三上	绳舞飞扬	掌握跳花绳的技巧，体验绳子带来的快乐。	短绳	1. 掌握几种跳花绳的方法 2. 可以自创几种跳绳的方法
	三下	玩转呼啦圈	了解转呼啦圈的方法。	呼啦圈	1. 掌握转呼啦圈方法 2. 可以利用身体其他部位玩转呼啦圈
至美思维苑	三上	扑克大师	提高计算能力，提高学习数学的兴趣。	扑克牌（除去J/Q/K/大小王）	1. 介绍加减乘法扑克玩法 2. 小组玩转扑克牌 3. 玩转扑克挑战赛
	三下	数字魔法	激发学生学习数学的兴趣，进一步发展逻辑推理和思维能力。	关于数独的发展历史、数独智力运动会资料、稍复杂的数独游戏题	1. 了解数独游戏的发展历史 2. 玩数独游戏 3. 数独挑战赛
至美自然苑	三上	凤凰展翅	了解凤凰城小学建校至今的发展事迹。	校史介绍	组织学生听取关于凤小建校至今所经历的一些发展事迹的介绍
	三下	美丽三河	了解三河古镇的历史古迹，增强对家乡的热爱。	三河古镇	组织学生游览三河古镇，并听取讲解
至美社交苑	三上	庐州小吃大搜索	了解庐州著名小吃，感受家乡独特风味。	上网、图片、实物	1. 调查庐州小吃 2. 制作庐州小吃手抄报
	三下	品尝庐州小吃	品尝庐州小吃，体会劳动人民的智慧。	庐州小吃	吃一吃、夸一夸、写一写庐州小吃

表3-7 合肥市凤凰城小学"小凤凰课程"四年级课程设置

课程维度	实施年级	微型课程	学习目标	课程资源	活动设计
至美文学苑	四上	宋词赏析	感受古诗词的魅力,知道中华文化的博大精深。	学生自备	1. 经典赏析 2. 经典诵读表演
	四下	英语故事会	培养学生英语阅读的习惯。	学生自备 图书室借阅	1. 英语故事比赛 2. 亲子阅读
至美艺术苑	四上	了解地方戏曲	欣赏黄梅乐曲,理解经典戏曲表达内容。	黄梅戏CD	听一听、哼一哼、唱一唱黄梅戏
	四下	儿童创想画	培养环保意识,尝试用不同材料制作。	环保材料的开发	动手做一做
至美运动苑	四上	摇摆空竹	学会抖空竹的方法,让它动起来。	空竹	1. 掌握抖空竹的方法 2. 能够自创几种抖空竹的方法
	四下	猎狐行动	了解掌握阳光测向的方法。	操场	1. 能够快速找出测向源 2. 进行比赛
至美思维苑	四上	神秘音乐馆	通过杯琴的制作过程,知道水杯发音不同与容量多少的联系;能够利用杯琴演奏简单的乐曲,体验音乐的神奇和成功的愉悦。	家庭用的玻璃杯,清水,筷子	介绍杯琴的制作原理 引导学生制作杯琴 利用杯琴演奏简单美妙的乐曲
	四下	方格中的数学	激发学生学习兴趣,让学生主动探究,并进一步发展数学思维和推理能力。	题库	数独规则、名词介绍、针对性练习与解题技巧
至美自然苑	四上	对称的人体结构	了解对称对人体结构的重要性。	身体结构	学生通过各种活动,如单手系红领巾、单腿走路体会人体对称的重要性
	四下	自制手电筒	学会用电池、灯泡和简单材料组装手电筒。	电池、灯泡、导线、黑胶布	学生通过依次组装材料组成完整电路,学会自制手电筒
至美社交苑	四上	学做庐州小吃	初步学会制作一至两种庐州小吃,增进动手参与制作食品的兴趣。	制作小吃的材料 食堂加工操作平台	1. 做一做庐州小吃 2. 尝一尝自己做的小吃
	四下	走进食文化	了解庐州的饮食文化特点,会制作一样徽菜。	资料、联系酒店	1. 搜一搜庐州饮食文化特点 2. 制作一种徽菜

表3-8　合肥市凤凰城小学"小凤凰课程"五年级课程设置

课程维度	实施年级	微型课程	学习目标	课程资源	活动设计
至美文学苑	五上	名著欣赏	培养阅读、欣赏与审美能力。	学生自备、图书室借阅	1. 名著赏析 2. 读书交流会
	五下	用餐文化	让学生了解不同地区的人们有着不同的饮食习惯，了解各国饮食文化的交融对我们生活的影响。	教师发放资料	1. 视频欣赏 2. 实践体验
至美艺术苑	五上	西洋乐曲	对比聆听中西方音乐，从配乐、伴奏等不同形式上区分。	视频	查阅资料、欣赏交响乐；师生讨论、对比聆听。
	五下	剪纸纸塑	了解纸的发展，动手做一做。	欣赏	查阅资料、欣赏作品
至美运动苑	五上	竹竿之舞	学会跳竹竿舞。	竹竿	1. 装饰出漂亮的竹竿 2. 会跳简单的竹竿舞
	五下	啦啦操之舞	学会啦啦操24个手位。	花球	1. 掌握24个手位 2. 自编简单的动作
至美思维苑	五上	家庭会计师	1. 会分析和管理家庭收支情况。 2. 根据收支情况进行合理分配。	家用收支情况账单	1. 收集家庭一月内收支数据 2. 整理数据并简单分析 3. 对下月财务进行简单分配
	五下	美丽的圆	1. 通过画、剪、做等活动进一步了解圆的特征。 2. 体会圆在生活中的美。	圆规、尺子、卡纸、水彩笔	1. 画一画、剪一剪、做一做由圆构成的作品 2. 展示作品
至美自然苑	五上	搜集种子	认识各种植物种子的相同点和不同点。	植物种子	通过搜集种子和查阅资料认识常见植物的种子形状、大小和种子的结构。
	五下	飞天梦想	了解人类飞行的发展史。	相关视频和图片	观看飞机的发展史图片和视频介绍
至美社交苑	五上	让我们更美丽	掌握着装的基本知识，知道服饰与环境关系，提高审美能力。	CD，T型台，服装	1. 搭配对错 2. 穿衣游戏 3. 服装表演秀
	五下	开个生日Party	会策划设计生日Party，体会一个聚会的组织和实施过程，并作为主客双方参与聚会。	优秀的生日Party策划方案	1. 说一说以往生日怎么过 2. 想一想今年生日怎么过 3. 订一订生日Party方案 4. 参加集体生日Party

表3-9　合肥市凤凰城小学"小凤凰课程"六年级课程设置

课程维度	实施年级	微型课程	学习目标	课程资源	活动设计
至美文学苑	六上	小古文吟诵坊	加强语言文字积累，提高语文素养；注重传统文化修养，提升内涵；加强读写能力培养，提升写作能力。	学校购买《小古文100篇》	1. 吟诵 2. 编写小古文
至美文学苑	六下	中国传统礼仪	知道什么是礼仪以及礼仪的相关要求；知道中国传统礼仪文化；知道礼仪在生活中的重要作用。	教师发放资料	1. 视频欣赏 2. 实践体验
至美艺术苑	六上	庐剧舞台	了解庐剧的起源、发展，体会民间艺术魅力。	碟片	查阅资料、听庐剧
至美艺术苑	六下	科幻画	画出自己想象的内容。	科学资料	查阅资料，欣赏科幻画作品
至美运动苑	六上	快乐足球	认识足球，了解足球的规则。	足球场	1. 认识足球规则 2. 愿意参加活动
至美运动苑	六下	快乐足球	能够学会掌握足球基本动作。	足球场	1. 愿意参加活动 2. 足球比赛
至美思维苑	六上	网络高手	利用网络收集相关信息，做好调查和统计，制作图表，并能做出科学分析。让学生养成利用网络查询和收集信息的习惯，形成统计意识。	2002—2015年间，关于互联网的一些统计数据，调查全班上网的人数并算出普及率，了解全班同学利用互联网做些什么等	1. 阅读与讨论 2. 统计与分析 3. 回顾与反思
至美思维苑	六下	旅行家	让学生制定旅游规划，做出旅游预算，安排好旅游路线，并做出相关安排，培养学生分析和解决问题的能力。	某旅行社推出的"北京一日游"线路及价格	1. 提出问题 2. 费用预算 3. 尝试实践 4. 回顾反思
至美自然苑	六上	稳定的三角形	认识三角形的稳定性。	各种形状的框架结构	用塑料吸管制作各种形状框架，在上面放置书本，从而得出三角形结构最稳定的结论
至美自然苑	六下	多变的月亮	会看月相估测农历日期。	观察月亮形状	1. 课件认识月相变化的规律和原因 2. 实地观察月相，估测农历日期

（续表）

课程维度	实施年级	微型课程	学习目标	课程资源	活动设计
至美社交苑	六上	学当主持人	提高语言表达能力、组织能力和应变能力。	准备练习儿化音的儿歌、绕口令	1. 练一练主持人的本领 2. 看一看电视主持人 3. 主持一场班会活动
	六下	男孩女孩	开展青春期心理讲座，了解青春期相关知识，正确认识异性及异性之间的正常交往。	青春期心理讲座	1. 聆听讲座 2. 组织交流讨论 3. 撰写体会 4. 知识竞赛

第四节

全面落实"小凤凰课程"提升办学品质

凤凰城小学依据"让每个孩子成为展翅的凤凰"的课程理念，实施"小凤凰课程"，从"至美课堂""至美学科""至美330课程""至美十二季""至美研学""至美家长讲堂""至美雏鹰小队"七方面全方位推进，致力培养"言美行雅、博观约取、体勤健美"的至美少年，全面提升学校办学品质和办学内涵。课程评价就是引领"小凤凰课程"开发的启明星，把握六大类课程设计的风向标，支撑课程实施效果的"伞骨架"。

一、构建"至美课堂"，落实学校课程

"至美课堂"作为凤凰城小学"至美教育"文化基因的产物和实践，是心灵品质课堂。"至美课堂"秉承以学习者为中心的教育理念，提倡有智慧的教学，并以此建构关注孩子心灵，促进教师专业发展的课堂模式。

（一）"至美课堂"的内涵

"至美课堂"的教学内容要丰富，要基于教材，立足学科素养，将课程变得更丰富，让学生学以致用。

"至美课堂"就如栽培树木一般，要根据树木生长的情况作适量的灌溉、滋养、培育，在具体操作上，"至美课堂"要针对学生的年龄特点，通过制定科学、恰当的学科年段目标来展开教学。

"至美课堂"要根据学生不同的"开悟"程度和不同的个性特点来确定教学内容的多少难易。

"至美课堂"的基本流程：一是创设情境、心灵融通、因材施教；二是启

发引导、运用方法、尊重个性；三是问题探究、思维互动、形成结果；四是拓展提升。

（二）"至美课堂"的操作

"至美课堂"旨在通过有效教学促进学生思维能力、个性品质与审美情趣的提高，营造和谐的教学氛围，构建灵活多变的教学形式，激发学生学习兴趣和创造欲望。

1. 课前一个问题。为了把学习的主动权还给学生，激发学生潜在的独立学习能力，在布置课前预习内容时，教师提前设计课堂学案，出示本课学习的三维目标、重难点，并提出一个探索性问题，让学生能够带着任务进行课前预习。例如，在"群文悦读"中有关圆明园的毁灭这一课学案的设计中，可以给学生提出这样一个课前问题：既然是毁灭，作者为什么用那么多的笔墨写圆明园昔日的辉煌？像这样带着问题进行预习和思考，不仅培养了学生的思考能力，而且给学生留出足够的自我探究时间，为后续深度学习及个性化发展打下基础。

2. 课中两个层次。在"至美课堂"教学过程中，如何让学生在课堂中启迪智慧、培养品德、感受生命之美是教师的最终目标。课上教师遵循学生天赋差异，将教学过程分为一般理解层次和难点解读层次。"一般理解层次"主要针对学生普遍提出的问题而来，在合作探究、讨论交流中启迪智慧、解决问题。"难点解读层次"结合维果斯基的最近发展区理论，在解决课堂基础问题之上引导生成新的问题，通过合作交流、过程分析、观点总结三个环节挖掘学科本身的美，让课堂教学灵动而有生命力。课堂上通过更深层次的思考，激励学生大胆质疑，勇于创新，最终达到举一反三、学以致用的效果。

3. 课后一个拓展。拓展环节的设置结合学生已有的认知基础和规律，引发学生主动联系实际经验，进行深层次的探究学习，从而学科思维方式、知识结构得以丰富，让有限的课堂在无限的生命中得以延展与完善。

在不断的实践研究中，各学科以课例为载体进行反复深入的研讨，通过集体备课，确定教学的重难点，按照"一二一"教学流程，上课、听课、研讨、发现问题、查找原因，进行改进，逐步形成自己学科独特的课型基本框架，从而使教师在课堂教学中有章可循、有法可依，使教师的教育教学能力得到迅速提高，使"至美课堂"教学更为扎实、有效。

（三）"至美课堂"的评价

依据"至美课堂"的意涵，制定以下评价标准（见表3-10）。

表3-10　合肥市凤凰城小学"至美课堂"教学评价细目表

教学流程	评价指标	评 价 标 准	量化评价
课前一个问题	关注学情	以学生为本，一切为了学生的发展，以培养创新人才为宗旨。	
		贴近学生的知识经验和生活，问题设计简洁、有效。	
		面向全体，因材施教。依据学生不同才能、特长、兴趣和性格，设计与学生实际水平相当的学习任务，让每个学生都能在原有基础上得到发展。	
课中两个层次	充满智慧	教学内容充实有梯度，体现基础性、实践性、发展性，学生能够主动参与知识形成的全过程。	
		教学能从学生认知基础、心理发展水平和思维水平出发，努力唤起学生自身的经验和知识，以此激活学生的思维。	
		教学目标设定从学情出发，贯穿于教学全过程。	
		能根据目标的需要删减、重组、整合并渗透、扩展和延伸。	
课后一个拓展	能力发展	正确理解并能创造性地使用教材，科学准确地精选终身学习必须具备的基础知识和技能。	
		体现学生的主体地位，注重学生自主探究、动手实践、合作交流能力的培养。	
		教师起到很好的引导、帮助、评价的作用，能使用具有导向性的评价，帮助学生实现智育、美育的共同发展。	
		能调动学生积极主动性，对课堂生成信息能正确引导，培植生成新问题、新知识。	

二、开设"至美学科"，提升学科课程品质

"至美学科"建设即围绕学科素养目标，将基础课程与教育资源、校本课程、微课程、多样化体验活动等组合、拓展、延伸出丰富、多维的学科特色课程。教师可通过学科内整合、项目式学习、跨学科课程统整，实现学科综合性学习，提升学科课程品质。

（一）"至美学科"建设路径

打造至美学科课程群，我校通过挖掘学科内部或学科之间的逻辑来构建

专业的学科课程群。各学科教师基于特色追求，根据对学科的独特理解、独特资源，开发、打造拓展课程群。

（二）"至美学科"课程建设

各学科教师团队基于基础课程，自主设计研发了内容丰富、结构合理的课程群。这些课程群以培养学生为主线，以课程的逻辑关系为联系，以教师团队合作为支撑，以教学质量为抓手，以学生的生活体验、智力发展水平、现有知识的储备和结构为出发点，抓住学科间的整合点，挖掘课程的发展点，拓展课程的广度和深度。

1."童真语文"课程群建设。文学是唯美的，我们结合小学生语文核心素养的培养目标，借助拓展课程群将学生引领到文学的圣地。具体课程设置如下（见表3-11）。

表3-11 合肥市凤凰城小学"童真语文"课程群

年级	学期	识字写字	精品阅读	口语交际	快乐习作	综合性学习
一年级	上学期	拼音王国	畅游绘本	绘声绘色	看图说话	漫话春节
	下学期	字正腔圆	经典传诵	彬彬有礼	连词成句	粽叶飘香
二年级	上学期	生字开花	腹有诗书	言无不尽	文思泉涌	信手拈来
	下学期	教一识百	悦读识趣	能言善辩	文从字顺	动而有序
三年级	上学期	金字招牌	手不释卷	侃侃而谈	文不加点	学为所用
	下学期	识字知书	开卷有益	妙语连珠	表情达意	博闻强识
四年级	上学期	咬文嚼字	知书答理	言由心声	有理有据	亲身历练
	下学期	颜筋柳骨	书海邀游	你说我讲	文从我心	知行合一
五年级	上学期	世说新词	书海拾贝	能说会道	纸墨传情	热点聚焦
	下学期	见字如面	群文悦读	百家讲坛	童心飞扬	节能环保
六年级	上学期	我型我秀	有为少年	出口成章	锦上添花	成长足迹
	下学期	笔墨飘香	风雅传唱	锦心绣口	明日之星	我的故事

2."童思数学"课程群建设。"童思数学"寓教于乐，没有固定的模式与方法，灵活多变，逻辑缜密，是数学课程组教师追求的目标，其教学的形式、方法和途径是多元的。具体课程设置如下（见表3-12）。

表3-12　合肥市凤凰城小学"童思数学"课程群

年　级	学　期	数与代数	图与几何	统计与概率	综合实践
一年级	上学期	数字精灵	千奇百怪	物以类聚	趣味拼搭
	下学期	进退有理	外圆内方	人以群分	购物之旅
二年级	上学期	乘除相依	比比皆是	量长较短	七巧玲珑
	下学期	争分夺秒	四面八方	收集分类	认识朋友
三年级	上学期	运算的魔力	到底有多长	睡眠时间	数学绘本创作
	下学期	机关算尽	面面俱到	调查高手	24点游戏
四年级	上学期	鱼龙混杂	平行之美	小小统计员	快乐摸球
	下学期	化繁为简	谜之三角	小小侦探家	猜猜我在哪？
五年级	上学期	点睛之笔	变中求衡	一目了然	钉子板中的奥秘
	下学期	多变的数字	智慧圆环	活泼的折线	移形换影
六年级	上学期	分数巧算	立体之美	我是省钱高手	鸡兔同笼
	下学期	黄金比例	三维空间	扇子中的数学	定位和导航

3."童趣英语"课程群建设。英语课程组的老师基于英语学科理念，在教学过程中充分发掘教材与生活的联系，注重英语学科的口语技巧，使英语学科的工具性及实用性在基础课程外有更大的愿景，开发英语拓展课程群。具体课程设置如下（见表3-13）。

表3-13　合肥市凤凰城小学"童趣英语"课程群

年　级	语言技能	语言知识	情感态度	学习策略	文化意识
一年级	看谁找得快	动物园地	儿歌唱起来	我们是伙伴	礼貌小达人
二年级	你说我来做	生活中的字母	趣味动画	阅读真有趣	小小美食家
三年级	童声诗韵	开心拼拼乐	色拉英语	十万个为什么	生活英语
四年级	英语趣味营	积木英语	友谊地久天长	畅所欲言	小小预报员
五年级	口语秀秀秀	我是话题王	我爱我家	日积月累	中西合璧
六年级	我是小作家	英语趣配音	你来我往	我是小演员	英语俱乐部

4."灿烂美术"课程群建设。"灿烂美术"旨在提高学生的美术素养，激发学生丰富的想象力和艺术创新精神，发展动手实践能力，陶冶审美情操，养成健康人格，根据学生的个体差异设置丰富多彩的教学内容，满足不同层次学生的需求。除基本课程外，其余课程设置如下（见表3-14）。

表3-14 合肥市凤凰城小学"灿烂美术"课程群

课程 年级		灿烂绘美		灿烂赏美		灿烂摄美		灿烂秀美	旅行日记		
一年级	上	线描画	认识树木	赏工艺	布艺	花卉摄影	构图基础	秀照片	我是小吃货	古逍遥津	包公祠	浮庄
			童话花园		剪纸		拍摄角度		好吃的菜			
	下	线描画	海底世界	赏工艺	风筝	花卉摄影	绿萝之美	秀照片	最美一瞥	李府	环城公园	明教寺
			长颈鹿		舞龙舞狮		多肉植物		景点的门			
二年级	上	线描画	优秀小厨师	赏工艺	年画	花卉摄影	荷花	秀照片	小呲懑	老城隍庙	三河古镇	合肥植物园
			同桌的你		吹糖人		月季		大设想			
	下	刮画	狐狸与葡萄	赏雕塑	说唱俑	动物摄影	光线运用	秀陶艺	恐龙乐园	野生动物园	徽园	欢乐岛
			建筑工地		唐三彩		色彩魅力		我的粘土画			
三年级	上	刮画	创意房子	赏雕塑	九龙壁	动物摄影	生态描写	秀陶艺	精致首饰	合肥海洋馆	天鹅湖	紫微洞
			我的爸爸		秦陵兵马俑		形态描写		艺术瓷盘			
	下	刮画	图腾柱	赏雕塑	野马	动物摄影	家有萌宠	秀陶艺	农舍	桃溪花海	非遗园	合肥美术馆
			别致的花瓶		打结的枪		喜欢的鸟		捏泥人			

（续表）

课程 年级		灿烂绘美		灿烂赏美		灿烂摄美		灿烂秀美	旅行日记	
四年级	上	水墨画	梅花	赏建筑	安徽钢琴屋	风景摄影	环境位置	书签设计 秀设计	牛角大坪	三国遗址公园	开福寺
			墨竹		安徽省广电中心		正确时间	贺卡设计 秀设计			
	下	水墨画	石头	赏建筑	国家体育馆	风景摄影	城市夜景	家具设计 秀设计	安徽名人馆	合肥科技馆	省科技馆
			瀑布		北京水立方		家乡的桥	版面设计 秀设计			
五年级	上	水墨画	工笔仕女	赏建筑	悉尼歌剧院	风景摄影	雨中日记	纸袋设计 秀设计	中科大	科学岛	安徽博物院
			戏曲人物		巴黎卢浮宫		奇特时光	礼品包装			
	下	砂纸画	向日葵	赏名画	清明上河图	人物摄影	景别	春联 秀画作	鼍街	小岭南	渡江战役纪念馆
			睡莲		千里江山图		焦距	斗方书法			
六年级	上	砂纸画	蓝衣女人	赏名画	步辇图	人物摄影	半身像	装饰画 秀画作	滨湖湿地公园	紫蓬山	刘铭传故居
			红色的和谐		簪花仕女图		全身像	年画			
	下	砂纸画	威斯敏斯特大桥	赏名画	奔马图	人物摄影	邻家宝贝	电脑绘画 秀画作	蜀山烈士陵园	丰乐生态园	大蜀山森林公园
			被雪覆盖的教堂		和平延年		我的自拍	电脑小动画			

（三）"至美学科"的评价要求

我们根据"至美学科"的意涵，从以下几个方面来对学科拓展课程群进行评价（见表3-15）。

表3-15 合肥市凤凰城小学"至美学科"课程评价实施细目量化表

评价角度	达成标准	评价要素建议	评价等级
课程目标	符合育人期待	目标明确，时间安排合理，逐步增强学生的学习效果	
课程内容	符合课程定位	整合与研发的内容选取适当，设计精致新颖，符合学科要求及趋势发展	
课程教学	符合学习规律	创新的教学方法对学生具有全方位的训练，给学生最好的指导，并且作用于学生素质的提高	
课程关系	体现出良好的师生关系	全面照顾，公平对待学生，给学生最好的帮助和鼓励	
课程状态	表现出积极的学习状态	有充分的自由学习的时间，拥有最佳的学习状态	
课程效果	呈现出满意的学习效果	达到预期的课程目标，以较好的学习效果，获得学生的信任，教书育人效果明显	
课程发展	实现了课程的动态发展	能够充分地利用现代教育技术手段并随着知识的更新，课程内容、资源、方法、手段不断更新	

在日常的课程开设过程中考查该课程是否按照原先的计划执行，并通过以上七个层面即课程目标、课程内容、课程教学、课程关系、课程状态、课程效果、课程发展，三个维度即计划的课程、教师提供的课程、学生接受的课程来对该课程是否成功进行评价。

三、创建"至美330课程"，落实兴趣爱好课程

作为课程的重要载体"至美330课程"对于有效提升学生综合素质，促进学生多元化成长具有重要的现实意义。我们创建"至美330课程"，让孩子们在各具特色的活动中，体验生活，提升素养，润泽心灵。

（一）"至美330课程"的主要类型

学校围绕至美文学苑、至美思维苑、至美艺术苑、至美运动苑、至美自然苑、至美社交苑六大类课程，开设以下课程（见表3-16）。

表3-16　合肥市凤凰城小学"至美330课程"设置表

课程类别	社团名称	社团课程目标
至美文学苑	课本剧 小猪佩奇英语乐园 英语配音表演	通过诵读、表演等活动，激发学生的人文学习兴趣，提高学生的语言感受力。
至美自然苑	科学动手做	通过科学小实验等课程，培养学生的动手、动脑能力和创新精神，让学生感悟成功，热爱学习与生活。
至美思维苑	人工智能基础 机器人技术 E-dream	通过多样的电脑制作和理化小实验，锻炼学生的动手能力，激发学生的创造性思维和想象力，提高学生的审美能力和美化生活能力。
至美艺术苑	金凤凰合唱社 兰亭书法社 趣味童画 创意绘画 舞之韵 黏土造型 剪　纸 黄梅社	在艺术类的课程群里，锻炼学生的艺术技能，提高学生审美能力，传承祖国传统文化，同时陶冶学生情操，培养学生良好品格和团结协作的群体意识。
至美运动苑	手球社 武术队 飞鹰田径社 猎狐社 太极社 跆拳道社 快乐足球社 动感啦啦操	在体育类的课程群里，提高学生的运动技能，培养学生的自我锻炼意识，增强身体素质和对运动的兴趣，同时培养吃苦耐劳、勇于拼搏的精神。
至美社交苑	童眼看世界	通过组织学生走出校园，走进社会等系列活动，培养学生对自然的关爱和对社会的责任感，增强学生的文明意识、安全意识、法制意识。

各个课程见缝插针，科学合理安排好课程活动。

（二）"至美330课程"的评价要求

我校的"至美330课程"，从机构与管理、活动组织与开展这两个方面进行评价，采用每周的活动开展情况评价与学期末的综合评价相结合的方式。具体评价标准如下（见表3-17）。

表3-17 合肥市凤凰城小学"至美330课程"评价实施细目量化表

项　目	评　价　标　准	得分	评估方法
社团机构与管理	1. 社团管理体制完善，机构设置合理，制定符合学生实际的社团建设实施方案。（10分）		1. 实地查看 2. 材料核实 3. 师生座谈 4. 成果展示 5. 活动巡查
	2. 建立、健全并严格执行社团各项规章制度。（10分）		
	3. 社团会员人数适合，规模适度，成员资料档案齐全。（10分）		
	4. 指导教师认真负责。（10分）		
	5. 学生社团要突出学生的主体性和创造性，使学生在社团活动中自治自理、健康发展。（10分）		
	6. 社团活动空间固定，环境良好有相应的文化建设。（10分）		
活动组织和开展	7. 经常和定期开展社团活动，组织有序、记录完善。（10分）		
	8. 社团活动内容丰富，形式多样，体现实践性和综合性，有利于培养和锻炼学生多方面的素质，再现和表现校园文化精神。（10分）		
	9. 社团成员或集体活动成果显著。（10分）		
	10. 活动取得良好的教育效果，在学生中有一定的影响。（10分）		

四、创设"至美十二季"，落实节庆文化课程

节庆文化课程借助"至美十二季"，充分挖掘节日教育元素，开设多样的适合学生个性发展的节日主题活动课程，激发学生参与的兴趣，丰富学生的经历和情感。

（一）"至美十二季"的课程设计

为浓郁校园文化，我校以传统节日、现代节日与校园节日相结合的方式，努力落实"至美十二季"节庆文化课程（见表3-18）。

表3-18 合肥市凤凰城小学"至美十二季"——节日课程设置表

时间	节日	主题	活动
1月过年季	春节	家乡的春节	贴对联、购年货、拜年
2月团圆季	元宵节	浓情元宵节	赏灯会、猜灯谜、包汤圆

（续表）

时间	节日	主题	活动
3月感恩季	清明节 妇女节	深深的思念情 妈妈，我爱您 学雷锋	网上祭奠英烈、清明诗会 亲手给妈妈制作一张贺卡 为妈妈做一件力所能及的事 和爸爸一起给妈妈送惊喜 为别人做一件小事
4月阅读季	读书节	书香少年	每天半小时阅读 参加阅读活动（诗词大赛、亲子故事会、小小朗读者） 布置家中小书柜
5月劳动季	端午节 劳动节	中国心，端午情 劳动最光荣	屈原的故事、包粽子 我是社区服务小能手 我身边的劳动模范 评选班级劳动小模范
6月游戏季	儿童节	展示风采，欢庆六一	社团嘉年华 课程展示
7—8月爱党拥军季	中秋节 建党节 建军节	月是故乡明 红领巾心向党 拥军爱军	做月饼、绘月亮 学习党的历史 观看红色影片 我身边的党员 讲革命故事
9月尊师季	重阳节 教师节	爱在重阳 老师，您辛苦了！	敬老人、献孝心 出一份爱师手抄报 说一句感谢老师的话
10月运动季	国庆节	祖国妈妈我爱你 运动会	学唱国歌 爱国歌曲合唱比赛 校园亲子运动会 趣味运动会
11月学科季	学科节	学科展示秀	语文、数学、英语、科学等各学科主题活动
12月迎新季	元旦	迎新年	游园会、元旦展演

（二）"至美十二季"的评价标准

根据"校园十二季"课程意涵，我们综合课程活动前的方案设计、活动时的课程实施、活动后的活动效果等情况进行评价，具体见表3-19。

表3-19 合肥市凤凰城小学"至美十二季"课程评价实施细目量化表

评价内容	评 价 标 准	权重分	得分
方案	1. 主题鲜明、立意新颖、寓意深刻，具有时代性、科学性、针对性、实效性、教育性。 2. 内容贴近社会现实、贴近学生实际生活、贴近学生身心发展规律，紧扣主题，突出重点。 3. 活动设计有特色有创意，体现课程的实践性、自主性、综合性、创造性和趣味性。	30	
实施	1. 情景设计合理，操作性强，能体现综合运用知识的能力。 2. 依据所确定、分解、细化的具体内容选择活动。 3. 按照"近、亲、实"的原则选择活动。 4. 采取多种形式呈现。 5. 设置拓展性、开放性的，能给学生思考问题的空间，引导学生体验和感悟。 6. 面向全体学生，关注学生的个性和差异，注重培养学生的实践能力，教育作用明显。 7. 师生互动，学生参与面广，能充分体现学生主体、教师主导的课程理念。	40	
效果	1. 活动目标明确，有明确的导向和时代性。 2. 活动形式新颖、独特、多样，让学生充分展示自我。 3. 促进学生身心健康发展，学生情感态度价值观得到转变。 4. 学生有认识，有感悟，自我教育能力得到增强。	30	
合计得分		100	

五、推行"至美研学"，落实研学旅行课程

通过研学旅行，让学生开阔眼界，感受大自然的美，探究科学知识，了解风土人情，知道我国文化的博大精深，进一步激发爱国主义热情，培养学生观察、动手和思考能力。

（一）"至美研学"的课程设计

体验活动除了班主任上好一次启动课、组织一次实地考察活动、做好一次总结评价以外，开展家访联系活动，与李鸿章故居、安徽省历史博物馆组成共建单位，签订协议，邀请学科教师、不同职业的家长成立资源开发小组、家长顾问团，共同参与项目的开展。体验活动让学科老师、各行各业家长、社区人员走到了一起，真正树立了全员、全方位的社会大教育观，整合成大课程资源观。课程设置具体如下（见表3-20）。

表3-20　合肥市凤凰城小学"至美研学"课程设置表

年级	主题	地点	目的
一	走进大自然	湿地公园、动物园、海洋馆……	了解大自然，亲近大自然，热爱大自然。
二	阅读之路	安徽省图书馆……	感受书的魅力，培养读书的好习惯。
三	探寻历史之旅	拜访包拯故居、李鸿章故居、安徽省博物馆……	了解家乡的历史，激发对家乡的热爱。
四	家乡的名胜古迹	逍遥津、三国遗址公园……	激发对家乡的热爱，增强环保意识。
五	科技之旅	合肥市科技馆……	感受科学的魅力，激发对科学的热爱。
六	走进安徽造	青松食品厂、小黄人运输线……	感受身边的变化，融入社会。

（二）"至美研学"的评价要求

我校的"至美研学"课程要求做到"学"之扎实，"研"之尽兴，"旅"之有获，"行"之成长。具体评价标准如下（见表3-21）。

表3-21　合肥市凤凰城小学"至美研学"课程评价实施细目量化表

评价项目	评价标准	权重分	得分
课程设计	明确的研学目标、研学内容、评价方式；体现实践性和创新性。	15分	
课程实施准备	准备充分；过程中关注学生良好习惯的培养与课程教师的专业成长。	15分	
课程实施安排	有利于研学旅行课程内容的深度有效学习及多种学习方法的内化。	20分	
课程实施体验	学生在最真实的场景下有独特、丰富的体验。	20分	
安全保障	安全方案与应急预案制定合理；处理突发事件及时，师生安全有保障。	15分	
学生评价	对学生进行形成性评价和发展性评价。	15分	
合计得分		100分	

六、引入"至美家长讲堂"，促进家长课堂课程

不同的家长所从事的职业是不同的，家长义工的职业是少年儿童认识社

会的一扇窗口，给少年儿童第二课堂带来了丰富的教育教学内容，并能为学生的教育需要提供多种支持和服务。家长从事义工的职业有多种，他们不仅资源丰富而且还充满了热情，特别是全职妈妈，她们有大量的时间参与到课程建设中来，并保证课程的延续性。能够利用好这些家长义工的职业优势来进行家长课堂教育活动，会取得意想不到的效果。

（一）"至美家长讲堂"的课程设计

通过家长课程的开设，充分盘活家长中的优质资源，补充学校课程的"短板"，努力增长孩子们的见识，拓宽孩子们的视野，融洽亲子关系、师生关系、家校关系，同时也满足家长朋友支持教育、丰富人生、回报社会的美好愿望，为他们关心教育、支持学校、理解教师、关爱学生提供实实在在的平台，从而真正实现家校默契配合、促进孩子们健康茁壮成长，为学校的高位走强、可持续发展提供强有力的支持与帮助。具体如下（见表3-22）。

表3-22　合肥市凤凰城小学"至美家长讲堂"课程设置表

年级	家长义工课程部分主题				
	1	2	3	4	5
一年级上	介绍安庆	身体常识	食品安全	制作小老鼠	走进电世界
一年级下	学会理财	探寻植物王国	神奇的黏土	了解芜湖	我爱写字
二年级上	校园安全	文明礼仪	油漆的作用	趣味除夕	说说记忆
二年级下	儿童急救	学会理财	燃烧之美	书法知识	文明礼仪
三年级上	学做漂亮的笔筒	包汤圆	"年"的知识	弘扬传统文化，从我做起	迎新年，乐剪纸
三年级下	编织文化	反假币	神奇的黏土	英语故事	走进摄影
四年级上	动物之最	关注儿童听力	走进电世界	快乐感恩节	桐城人文
四年级下	废旧大变身	青春十字路口	介绍高建筑	奥运精神	零食与健康
五年级上	AR技术	七步洗手法	素描基础	制作灯笼	未来机器人
五年级下	英语配音	浩瀚天文世界	名字创意画	法治教育	了解飞行员
六年级上	文明上网	预防呼吸道疾病	与法同行	英语配音	远离垃圾食品
六年级下	爱眼护眼	安全乘坐电梯	科学在身边	食品安全	学会理财

（二）"至美家长讲堂"的评价要求

我校的"至美家长讲堂"课程要求做到"备"之认真，"研"之精心，"互动"之有获，让孩子们在学、玩、做中获取新知，提升能力，陶冶性情，享受乐趣。具体评价标准如下（见表3-23）。

表3-23　合肥市凤凰城小学"至美家长讲堂"评价实施细目量化表

内　容	具　体　指　标	分值	备注
课程开发的意义	1. 课程是与国家课程、地方课程紧密联系的，是对其的补充，是彰显学校特色的。 2. 课程促进学生的个性发展，提高学生的各方面素质。	10	
教学目标	1. 目标明确清晰。 2. 知识、能力和情感目标齐全。 3. 考虑到学生分层的因素，贯彻因材施教的原则。	15	
课程内容	1. 课程内容框架清晰，有序列性。 2. 课程内容科学、启发性强、突出实践能力的培养。	10	
教学过程	1. 能安排好课堂教学进度。 2. 能根据学生的实际，设计内容开放、容量适量、层次分明、有针对性的教案。 3. 能灵活运用多种教学方法进行教学，重点和难点的处理有新意，且效果好。 4. 课堂语言流畅、规范，具有生动性和启发性。思维清晰，有强度，有坡度。 5. 能面向全体学生，因材施教，学生情绪高涨。课堂无死角、无"闲"人，整体性成效好。 6. 现代化教育技术运用娴熟，设计内容及呈现手段具有不可替代性。 7. 板书设计合理、简洁、规范、美观。	50	
实施成果	1. 能激发并维持学生对该课程的兴趣，学生评价良好。 2. 能及时收集、整理学生学习的过程性资料。 3. 指导的学生能举行一定范围的展示活动。	15	
综合评价			

七、以"至美雏鹰小队"课程促思想，有效进行小队建设

长期以来，凤凰城小学少先大队始终把培养跨世纪合格人才作为工作的

重点，全方位推进"跨世纪中国少年雏鹰行动"。提出了"以学校为主阵地，以'雏鹰假日小队'活动为落脚点，不断加大少先队工作信息交流"的工作思路。

（一）"至美雏鹰小队"的课程设计

少先大队提出了"人人假日小队，队队找服务岗位"的口号，把全校1168名队员组建成了："走向大自然小队""科技制作小队""园丁小队""错字追踪小队"等教育性小队；"书法小队""摄影小队""棋类小队""烹饪小队"等能力培养型小队；"护绿小队""防火小队""白鸽清洁服务小队""助困小队""助残小队""送温暖小队"等服务性小队等3个类型，96个小队。

（二）"至美雏鹰小队"的评价要求

大队制定了"五有三定一总结"制度（"五有"，即有领导机构、有活动阵地、每周有小队活动、有小队活动日志、有定期评比和表彰；"三定"，即定时间，定内容，定地点；"总结"是指活动结束后，以中队为单位召开总结会）。具体评价标准如下（见表3-24）。

表3-24　合肥市凤凰城小学"至美雏鹰小队"课程评价实施细目量化表

项　　目	评　价　标　准	得分
雏鹰小队机构与管理	1.雏鹰小队管理体制完善，机构设置合理，制定符合学生实际的雏鹰小队建设实施方案。（10分）	
	2.建立、健全并严格执行雏鹰小队各项规章制度。（10分）	
	3.雏鹰小队人数适合，规模适度，成员资料档案齐全。（10分）	
	4.指导教师认真负责。（10分）	
	5.雏鹰小队要突出学生的主体性和创造性，使学生在雏鹰小队活动中自治自理、健康发展。（10分）	
	6.雏鹰小队活动空间固定，环境良好有相应的文化建设。（10分）	
活动组织和开展	7.经常和定期开展社团活动，组织有序、记录完善。（10分）	
	8.雏鹰小队活动内容丰富，形式多样，体现实践性和综合性，有利于培养和锻炼学生多方面的素质，再现和表现校园文化精神。（10分）	
	9.雏鹰小队成员或集体活动成果显著。（10分）	
	10.雏鹰小队活动取得良好的教育效果，在学生中有一定的影响。（10分）	
综合评价		

总之,"小凤凰课程"是儿童发现美、表现美、塑造美,取之不尽、用之不竭的源泉;是学生展示自我、发展自我、表现自我的舞台;是学生与课程的全面交流和碰撞。通过构建"小凤凰课程",旨在提升学校办学品质,全面提升学生素质,让每个孩子都成为展翅的凤凰,让每个少年都成为"至美少年"。

(撰稿者:李　友　袁　媛　王化之　马晓雨　张梦然)

第四章

立德树人，把握课程内容

　　课程内容的选择是建构课程框架时的基本关注点之一。关于这一选择国内外很多学者都做了相关的研究探讨，尽管学者之间的观点各不相同，但都明确了课程内容选择的重要性。课程内容的选择是建构学校课程框架的基本要素，许多建构课程框架的问题都是围绕课程内容而展开。只有正确把握了课程内容，才能让课程框架的建构向正确的方向发展。

在建构学校课程框架过程中，课程框架里的设计都是以课程内容为中心的，只有正确把握了课程内容，才能让课程框架的建构向正确的方向发展。因此，课程内容对于课程框架建构具有重要的意义。

施良方认为，课程内容的选择一定要注意基础性，应贴近社会生活，要与学生和学校教育的特点相适应。左菊认为，课程内容的选择不仅要考虑学习者、社会和学科的影响，还要特别注意课程目标的需要。

国外很多学者在早期就开始研究课程内容，理论较为丰富，基本是把知识、社会生活、生活经验作为课程内容进行研究。泰勒在《课程与教学的基本原理》中提出了选择课程内容的五大原则：一是要有实践的可能性和可行性；二是要能使学生得到一定的满足；三是必须符合学生的能力范围；四是要具有开放性；五是注意课程内容产生的结果。

以上学者的研究为我们在建构课程框架中选择课程内容提供了重要的启发意义。我们将其总结为四个原则：可行性原则；相关性原则；生本化原则；校本化原则。

可行性原则就是指安排的课程内容要具有可操作性，不能在教学实践过程中才发现学生无法获得知识。课程结构中的教学内容如果随意开发、流于形式，就会给后面的课程实施造成严重的负担，课程效果也微乎其微。

相关性原则是指每个学校在建构课程框架时，需要考虑课程内容之间总是有着这样那样的关系，确保每门课程都不是孤立的个体。因此，学校在构建课程框架时一定要注意学科间的相关联系和学科中的内在联系，让学生学习灵活多样的综合课程。

生本化原则是指选择课程内容应该从学生角度出发，选择他们喜欢的、感兴趣的知识。根据学生学习阶段的不同，安排不同的课程内容，更加重视学生的学习体验、学习情绪等，重点考虑学生身心发展需求，便于其实现自我价值。

校本化原则是指在政策允许范围内，不同的学校可以根据自己的优势和特点对课程内容进行特色化设置。无论是国家、地方还是学校的课程，只要能够彰显学校的课程哲学和理念等一系列特色，都是值得提倡的校本化课程内容。

随着社会的不断进步，信息技术在教学过程中的作用不断提高，有关信息技术知识的课程内容比重也在不断增加。总而言之，构建课程框架时要选择好课程内容，满足学生的发展需要。

（撰稿者：吕碧雯）

学校坐标 合肥市侯店小学
课程模式 蒲公英课程：书山问道有情，乡间耕读溢爱

合肥市侯店小学位于合肥市城西，地处312国道与机场高速公路交口东北角，交通方便，位置优越，历史文化底蕴深厚。学校兴办于1953年，前身系肥西县南岗镇一所村小，2006年4月区域布局调整后，更名为合肥市侯店小学。2011年9月，学校从侯店村原址整体搬迁至新校址，学校占地面积约24亩。目前，学校设有6个教学班，学生247人，其中96%的学生都是随迁子女。学校现有老师17人，其中本科学历10人，大专学历7人，教师学历达标率为100%，小学高级教师1人、一级教师9人。学校先后被评为合肥市卫生先进单位、合肥市花园式学校、合肥市平安校园、蜀山区文明单位、蜀山区家教名校、合肥市共青团关爱项目基地、首批国家义务教育发展基本均衡区学校、合肥市语言文字示范校、合肥市绿色学校、合肥市家教名校等荣誉称号。

第一节

把满爱教育视为学校育人的根本

一所学校的强弱,不在于它的地域是否优越,而在于教育哲学的内涵是否丰富。

一、学校教育哲学

侯店小学的教育管理哲学是:满爱教育。苏霍姆林斯基曾经有一个十分精彩的比喻:"要像对待荷叶上的露珠一样小心翼翼地保护学生幼小的心灵。晶莹透亮的露珠很美丽可爱,但却很脆弱,如果你不照顾好露珠,它就会破碎并消失。"在侯店小学,我们首先要记住这一段话,因为教育首先是一种保护,而且需要有一颗爱心,需要以一种平等、博爱、宽容、友善、欣赏、鼓励的态度对待每一个孩子,让孩子的心在爱的阳光中准确地表达和舒展,快乐成长。我们认为用心去理解、用爱去教育,才能让每个孩子昂首阔步。这样的教育哲学时刻激励着我们把全部的热情和精力,把所有的智慧和爱心,无私地献给天真可爱的孩子们。打开锁的钥匙就是"爱",用这把钥匙才能打开孩子的心扉。

满爱教育是无声的教育,苏联社会教育管理学家马卡连柯曾说过:"爱是无声的语言,也是最有效的催化剂。"爱作为一种教育方式,是最特殊的教育方式,它能缩短教师与学生的距离,在沉默中滋润学生干涸的心,影响学生的心,拨动他们的心弦,满爱教育是教育的灵魂。

满爱教育是育心的教育,印度灵性大师奥修说:"身体和灵魂没有任何一部分是分离的,它们是彼此的一部份,它们是这整体的一部份。"教育是灵魂的教育，教育本身就意味着，一棵树可以摇动一棵树，云能推云，一个灵魂能唤醒另一个灵魂。我们相信人类身体的潜力是无限的，思维空间是无限的。但人们往往习惯性地把自己固定在有限的空间里面而不自知。教育的天职在于育人，育人重在培育学生美好的心灵。满爱教育是开发学生无限身体潜能和最大限度地了解自己广阔内心世界的一种独特方式。满爱教育就是以心换心，用生命安全温暖自己的生命，用生命可以激活学生的生命，用生命滋润我们的生命，用生命去创造一个孩子生命中的彩虹！

满爱教育是责任的教育，责任是一种精神、一种品质、一种使命，也是一种伟大的爱。我们认为，满爱教育就是要将"责任"根植于每一位学生心中，在任何时候，学会对自己、对社会、对国家都有责任感。一位哲人说："一个人可以清贫，可以不伟大，但不可以没有责任感。"对于个体而言，责任是一个人有所成就的不竭动力；对于组织来说，只有每个人的责任汇聚为整个团队的价值，这个组织才能持续发展，才能真正凝聚力量、走向未来。我们认为，责任感会成就辉煌，会让自己能力卓越。什么是对教育的热爱？是责任教育。

满爱教育是质感的教育，爱的教育是一门深刻而生动的知识，爱的教育是一本大书。我们认为，爱的教育是一种中国智慧，是一种看得见、摸得着的教育，是一种多彩的、有活力的、有温度的教育。

在此基础上，我们确定学校的办学理念为：情溢校园，爱满天下，使每一个孩子在爱的呵护下健康快乐地成长。我们的教育信条如下：

我们坚信，满爱教育是健康成长的摇篮；

我们坚信，满爱教育是成功的基石；

我们坚信，满爱教育是崇高理想的翅膀；

我们坚信，满爱教育是梦想从这里开始起航。

二、学校课程理念

有了爱的教育，生活才会有春天，世界才会变得丰富多彩。学校教育，不仅要让每一个孩子获得知识和技能，更要带给孩子们丰富的情感态度和体验，在学习和成长路上，让他们去收获属于自己的快乐和幸福。课程教学改革，归根到底，就是要让每一个孩子都有一个有情有爱、诗意般的童年生活。

我们认为，教育的过程中应该让孩子拥有各种发展潜力，能够发挥自己独特的潜能，满足自己的需要，帮助他们找到一个最好的自我发展渠道，让他们体会到自我存在的价值和自我实现的意义。因此，课程情感化、教学有爱心、内容趣味性，一切都是为了让孩子们快乐地学习。结合目前我校"情溢校园，爱满天下"的办学理念，我们提出了"书山问道有情，乡间耕读溢爱"的课程理念。我们将课程具体内涵表述为：

——课程即梦想的翅膀，每一个孩子都有自己的梦想，教育必须给他们一双翅膀，让他们学会飞翔。就像向着梦想飞翔的蒲公英，风是它的翅膀，课程是孩子们最有力的翅膀，它将带给孩子们追逐梦想、飞向梦想之地的力量。

——课程即自由的心灵，教育的本质在于塑造人的心灵。蒲公英总是带着自由飞舞，邀风共舞，天真成熟。天真是因为它的可爱，成熟发展是因为它心灵的自由。我们认为，课程需要给孩子同样的自由。课程将与孩子们共舞，触动孩子们美好的心灵，让每一个灵魂都舒畅、快乐、自由。在这里，轻松、精彩的课程将陪伴和抚慰每一颗懵懂的童心！

——课程即生命中的阳光，如同生命一样，学校教育也需要阳光。侯店小学的孩子们是在阳光下长大的，学校课程给每个孩子带来温暖和欢乐。阳光将温暖给了每一朵蒲公英，让它们带着幻想、渴望，寻找一个美丽的地方，去生根、去发芽。课程将引领孩子们精彩成长。

蒲公英——带着你的梦想，自由飞翔；带着你的希望，随风飘荡。张开你的翅膀，你飞了一趟又一趟。寻找你落地开花的方向，实现你内心深处的愿望。飞，我要飞，漫天花絮随风飞，爱的种子空中缀；飞，一起飞，蒲公英的种子漫天飞，飞过花季和雨季！花儿轻飞，你也轻飞，风儿吹吹，带着你飞！这是你无尽的向往！总之，课程像爱的养料，孩子像一粒粒种子，吮吸着爱的营养茁壮成长。在此基础上，学校将"情溢校园，爱满天下"的"侯小"课程命名为"蒲公英课程"。

第二节

让满爱教育滋润每一个孩子

根据小学生身心发展的特点和规律，以培养学生核心素养，实现学生素质全面提升为价值取向，我校努力建设充满爱心和活力的校园文化，让学校成为孩子们的花园、乐园。学校一以贯之践行"满爱教育"，培养出彩学生。为此，我校提出了我们自己的培养目标以及相应的课程教学目标。

一、学校育人目标

课程是学校的核心竞争力，是学校办学的重要载体，学校的价值体现于学校课程中。"蒲公英课程"旨在培养"亲乡土，爱劳动；会学习，喜探究；乐运动，善审美"的现代"侯小"学子。

——亲乡土，爱劳动。让孩子们可以从小了解家乡经济、文化、历史和传统等方面的发展变迁。从小培养孩子们热爱学校、热爱家乡、热爱自然的美好感情；培养学生正确的工作态度和观念。学会感恩，领会"生命是劳动创造的，人生价值也是劳动创造的"的道理。

——会学习，喜探究。让孩子们从小树立一个正确的学习发展目标，守时惜时，主动进行探究，学会自己学习的基本研究方法，养成良好的学习习惯；让学生能够从小养成探究的兴趣，体验探究的过程，学会自主探究的技能，享受探究的乐趣。

——乐运动，善审美。培养孩子们良好的审美观。让孩子们从小热爱体育，培养体育爱好，积极锻炼，不断增强体质，树立健康的体育理念。

二、学校课程目标

依据课程培养目标，在课程设置上，我们严格贯彻落实《国家课程改革实施方案》，在注重国家教育课程校本化、校本课程多元化、特色社会课程设计个性化的基础上，通过构建"蒲公英课程"体系，促进学生全面发展。我们细化育人目标，形成了低、中、高段的课程目标（见表4-1）。

表4-1　合肥市侯店小学"蒲公英课程"目标一览表

维度目标＼年级	低年级	中年级	高年级
亲乡土，爱劳动	爱心劳动让学生了解家乡经济、文化、历史和传统的发展变化，从小培养学生热爱学校、热爱家乡、热爱自然的美好情怀。 通过劳动教育，让学生学习一些简单的社会劳动、家务劳动，学习简单的基本劳动知识技能，让学生从小养成勤俭节约、热爱劳动的好习惯。让学生学会"懂礼仪、讲文明"，了解爱老师、爱父母、爱同学等基本道德原则，通过感恩父母、感恩老师等感恩教育，培养学生懂礼貌、讲文明的好品质。通过说感恩的话、唱感恩的歌等形式，学会感恩，知道如何感恩，培养感恩意识。	初步认识到自己与周围社会生活学习环境的关系，了解我们当地的历史、地理、人文教育等方面的乡土中国知识及乡土文化和传统的经济发展变迁，培养、提高学生爱家乡、爱他人的美好品德。让学生体验家务劳动、集体劳动等劳动过程，体验劳动的艰辛，学习必要的劳动技能，树立正确的劳动最光荣观念，培养学生吃苦耐劳的品质。 通过感恩教育，让学生进一步体验做父母、当老师的辛苦，培养学生孝敬父母、尊师重教、回报他人的美好感情。通过观看感恩故事影片、写感恩信等形式，让学生可以学会感恩，学会积极参与感恩生活实践，初步培养提高学生对于感恩的行为自觉性。让学生了解自然，简单了解人与自然的相互依存关系，体验当地文化传统在生活中的传承和发展，培养学生参与社会生活、热爱环境、热爱生活的高尚品格，让学生学会做一个负责任的未来公民。	让学生拥有社会生活中劳动的体验，学会参加一些公益劳动，掌握劳动教育技能，学会如何树立正确的劳动工作态度，懂得"生活靠劳动人民创造，人生价值也靠劳动创造"的道理，培养提高学生自觉劳动和勤于创造的精神。 引导学生自主开展一系列感恩主题活动，进一步体验感恩的温暖和力量，学会做一个懂得感恩、回报感恩的好少年，培养学生逐渐养成胸中有爱、有感恩、回报社会的美好品德。

（续表）

维度目标＼年级	低年级	中年级	高年级
会学习，喜探究	让学生从小树立正确的学习目标，珍惜时间，主动探索，学习探索的基本能力和方法；让学生体验集体学习和生活，体验牵手他人、心连心、互帮互助、共同进步的快乐，领悟到"团结就是力量"的道理，从小培养学生的合作意识。 在生活和学习中，让学生经历合作的过程，了解合作的重要性和必要性，学习简单的合作方法，体验合作的快乐，培养学生的合作意识和合作能力。	让学生体验实验、操作、调查、收集信息和处理、表达、交流信息等探索活动，学会合作探索的基本方法，培养学生强烈的探索欲望，初步培养学生探索能力。	进一步提高学生的合作学习意识，让学生可以学会如何进行团结合作，培养我们学生自主自发的合作精神和积极良好的团队精神。 在探究活动中，应进一步培养学生的探究思维，分析、推理和归纳能力，让学生养成主动探究的意识和习惯，培养学生强烈的探究兴趣和自我完善的精神。
乐运动，善审美	良好的教育使学生从小热爱体育，乐于锻炼，培养他们对体育运动的兴趣，让他们养成积极运动的良好习惯。 让学生从小在生活中知道"什么是真善美"，学会自己明辨真善美，感受美、欣赏美，从小培养学生正确的审美观念。	让学生学会运动的基本方法和必要的技能，进一步培养运动爱好，积极锻炼身体，不断增强体质，养成有恒心、有毅力的品质，从小树立健康运动的意识。 让学生在生活中知道"什么是真善美"，学会明辨真善美，能够从生活实践中发现身边的美，培养学生正确的审美意识。	引导学生学习体育，健康锻炼，进一步培养学生的锻炼习惯，坚持学习锻炼，坚持主动锻炼，不断增强体质，使学生养成健康的体育观念；培养学生不放弃、努力拼搏的体育精神，实现自己的体育梦想。能辨别真善美，学会用自己的双手去创造生活中的美，培养学生积极向上的审美观念。

103

第三节

用满爱教育撒下希望的种子

在学校"满爱教育"的引领下,以"蒲公英课程"为抓手,以"童味课堂""童味学科""童味社团"为路径,构建了学校"蒲公英课程"体系,实现学校的培育目标。

一、学校课程逻辑

基于"满爱教育"的教育理念及课程目标,设置了"蒲公英课程"体系,培养"亲乡土,爱劳动;会学习,喜探究;乐运动,善审美"的"侯小"学子。以下是"蒲公英课程"逻辑图(见图4-1)。

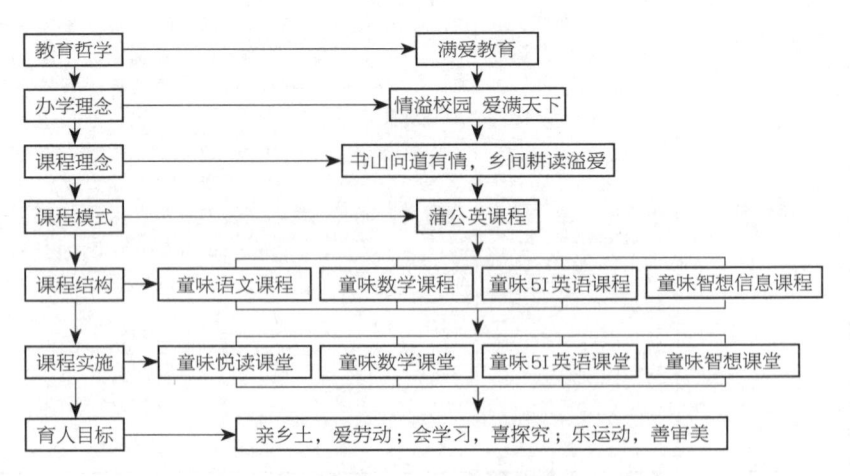

教育哲学	→	满爱教育
办学理念	→	情溢校园 爱满天下
课程理念	→	书山问道有情,乡间耕读溢爱
课程模式	→	蒲公英课程
课程结构	→	童味语文课程 | 童味数学课程 | 童味5I英语课程 | 童味智想信息课程
课程实施	→	童味悦读课堂 | 童味数学课堂 | 童味5I英语课堂 | 童味智想课堂
育人目标	→	亲乡土,爱劳动;会学习,喜探究;乐运动,善审美

图4-1 合肥市侯店小学"蒲公英课程"逻辑图

二、学校课程结构

"蒲公英课程"是在整合国家课程、地方课程、校本课程这三类课程的基础上构建的,分成童味语文课程、童味数学课程、童味5I英语课程、童味智想信息课程四大类课程,具体结构图如下(见图4-2)。

图4-2 合肥市侯店小学"蒲公英课程"结构图

1. 童味语文课程。基于"童味语文"的语文学科课程理念,我校课程根据课程任务主要分为必修性课程、选修性课程。必修性课程旨在培养学生终身发展和适应未来社会所需的共同基础;选修性课程主要满足学生的个性化学习需求,培养学生的兴趣爱好,开发学生的潜能,促进学校办学特色的形成。

2. 童味数学课程。我们认为,数学课程的核心价值是要面向全体学生,适应学生个性发展的需要,以学生的认知发展水平和已有的经验为基础,激发学习兴趣,注重启发式和因材施教,引导学生获得基本的数学活动经验和体验,促进学生在情感、态度和价值观方面的发展。为此,贴近学生生活实际,符合学生认知规律,开发学生感兴趣的数学课程非常重要。呈现学生数学教学的层次性和多样性,吸引学生获得个性参与和情感体验,使得数学课程更有儿童味,让数学世界香气四溢。

3. 童味5I英语课程。根据国家有关政策，我校基础课主要采用国家教材作为教学媒介，不折不扣地实施国家课程。英语课程计划发挥英语学科特有的价值，改变传统的"知识本位"，回归儿童，以儿童为中心，遵循身心发展规律，开展各类人文活动，倡导学生主动研究发现、乐于探索、善于合作，真正做学习的主人。英语课程分为：魔力耳朵、英美诵读、能说会道、书写达人四大类。

4. 童味智想信息课程。智想信息课程，就是要重视每个学生，构建独特的信息技术课程，充分考虑学生个性的差异，强调学生在学习过程中的自主选择和自我设计；促进课程内容的合理延伸或扩展，充分挖掘学生潜力，实现学生个性化发展；注意不同地区发展的不平衡，在达到课程标准的前提下，因地制宜发展特色。基于此，智想信息课程分为电脑初识、打字能手、童趣窗口、畅游网络、我行我绣等课堂。

三、学校课程设置

根据"蒲公英课程"结构图，结合学校课程资源实际情况，遵循学生的身心成长特点，将课程设置如下（见表4-2）。

表4-2　合肥市侯店小学"蒲公英课程"设置表

课程	基本课程	特色课程	课　程　目　标
童味语文课程	语文	故事大王、语言的魅力、快乐语文、绘本阅读。	学生在语言学习过程中，形成健康的审美情趣，发展学生个性，形成学生合作学习精神，逐步形成一个积极的人生态度和正确的价值观。增强语言学习的自信心，养成良好的语言学习习惯，掌握语言学习的基本方法。感受语言的魅力，能够主动开展探究性学习，在实践中学习和运用语言。有较为丰富的积累和良好的语感，注重情感体验，发展感受和理解能力。能够逐字清楚地表达自己的意思。能根据日常生活需要，运用常见的表达方式写作。具备日常口语交际的基本能力，学会倾听、表达和沟通，学会文明地进行人际交往和社会交往。学会使用常用的语文工具书。
童味5I英语课程	英语	魔力耳朵、英美诵读、能说会道。	内容为各阶段需要掌握的单词、句型以及文章的标准发音。教师通过创设快乐、轻松、和谐的学习氛围，培养学生获得和提取信息的能力，为说、读、写三项技能奠定基础。

（续表）

课程	基本课程	特色课程	课程目标
童味数学课程	数学	方格中的数学、美丽的圆、旅行家。	掌握适应社会生活，进一步发展所需的基本知识、基本技能、基本思想和基本活动。体会知识之间、学科发展之间、生活环境之间的联系，可以运用数理逻辑思维方式进行思考，增强学生发现问题和提出问题的能力、分析问题和解决问题的能力。了解数理逻辑的价值，提高学习数理逻辑的兴趣，增强学习数理逻辑的信心，养成良好的学习习惯，有初步的创新意识和实事求是的科学态度。
童味智想信息课程	信息技术	电脑绘画、信息学。	掌握对计算机中文件的管理和分类，学会文件和文件夹的基本操作。熟练掌握Office软件基本操作技能与方法，能对文档进行编辑。掌握利用网络学习查找资料的方法，以及通过网络进行交流和分享的方法。初步形成网络道德修养和责任感。学习使用Scratch软件编写脚本，初步认识了解编程。

根据上表，我校按等级安排课程，构建"蒲公英课程"具体框架表（见表4-3）。

表4-3 合肥市侯店小学"蒲公英课程"具体框架表

课程\年级	童味语文课程	童味数学课程	童味5I英语课程	童味智想信息课程
一上	音韵悠悠	奇妙数字		
一下	识字擂台	单数双数		
二上	汉字乐园	口算小行家		
二下	汉字故事	秒杀口算题		
三上	写字有方	计算小能手	启蒙探索营	电脑初识
三下	汉字英雄	有趣乘法	听写大擂台	畅游网络
四上	趣说汉字	妙算除法	跳动词卡	文件管理
四下	书写能手	巧算小行家	美音美韵	表格统计
五上	见字如面	校园与面积	词霸天下	电脑百事通
五下	写字大咖	数字故事会	黄金搭档	我行我绣
六上	笔精墨妙	数学高手	流行歌唱	期刊制作
六下	墨韵留香	混算行家	绘声会话	月相的变化

根据"蒲公英课程"安排，依据年级水平对"童味语文""童味数学""童味5I英语""童味智想信息"等四个课程设置了具体内容（见表4-4）。

表4-4 合肥市侯店小学"蒲公英课程"具体内容安排表

年级/册数		童味语文				童味数学			童味5I英语				童味智想信息		
^ ^ ^ ^	^ ^ ^ ^	童悦写	童悦读	童悦言	童悦行	童味运算	童味空间	童味统计	童味实践	魔力耳朵	英美诵读	能说会道	书写达人	知之所义	行其之能	意会于情
一年级	上册	音韵悠悠	拼音故事会	你说我听	校园初探	奇妙数字	巧手分类	数多少	数的大小							
^ ^	下册	识字擂台	快乐悦读	乐说乐听	小鬼当家	单数双数	规律画图	规律填数	小小法官							
二年级	上册	汉字乐园	多彩绘本	言辞达意	乐写善思	传统节日	口算小行家	图形的秘密	环保小达人	购置年货						
^ ^	下册	汉字故事	品味唐诗	活跃纸间	牛刀小试	认识节气	秒杀口算题	我与平面图	生活小调查	测定方向						
三年级	上册	写字有方	趣味童话	能说会道	梦笔生花	小小演讲家	计算小能手	躬耕乐园	我的收获	多彩分数条	启蒙探索营	小小演说家	英语大家说	字母书写营	电脑初识	打字能手	童趣窗口
^ ^	下册	汉字英雄	伊索寓言	畅所欲言	笔尖芬芳	图书馆探秘	有趣乘法	面积测量	趣味数学报	巧算24点	听写大擂台	绘本花园	英语流利说	我是词霸王	畅游网络	打字能手	智绘童心

（续表）

年级/册数		童味语文				童味数学			童味5I英语			童味智想信息		
		童悦写	童悦读	童悦言	童悦文	童味运算	童味空间	童味统计	童味实践	魔力耳朵	英美诵读	能说会道	书写达人	知之所义	行其之能	意会于情
四年级	上册	趣说汉字	漫画成语	达人秀场	小作家长廊	楹联拾趣	妙算除法	奇妙的角	抛币实验	斜坡奥秘	跳动词卡	英美学舌	趣味拼读	极限挑战	文件管理	快乐编辑	网罗天下
	下册	书写能手	趣读山海经	口语会课堂	笔下生花	朗读者	巧算小行家	探秘多边形	计算器探秘	小设计师	美音英韵	谚语大全	拼读小将	火力全开	表格统计	网络交友	创意编程
五年级	上册	见字如面	名人故事	出口成章	妙笔仙阁	无字词典	校园与面积	七彩世界	班级联欢会	数据分析师	词霸天下	记忆能手	谚语大全	头脑风暴	电脑百事通	小报制作	Flash动画
	下册	写字大咖	上下五千年	妙语连珠	文楼揽月	语文百科	数字故事会	百变图形	玩转数学	等你来发现	黄金搭档	穿越时空	实战演练	我型我秀	我行我绣	雁过留声	多彩视频
六年级	上册	笔精墨妙	名家引领	学贯中西	笔尖芳华	诗词中华	数学高手	圆的世界	消费评估	活学活用	流行歌唱	记忆能手	我是演说家	妙笔生花	期刊制作	海龟绘图	智能体验
	下册	墨韵留香	初识论语	舌战群儒	毕业寄语	感恩母校	混算行家	益智魔方	成长历程	旅游达人	绘声会话	能歌善舞	舌战群儒	创意写作	月相的变化		

第四节

以满爱教育让花儿在这里绽放

从学校学生实际情况出发，依据学校教育课程教学目标，我校制定出具有自己特色的课程资源规划，保证校本课程与国家课程之间的统一性。同时，体现学校课程的特点，建立和完善课程建设的组织体系，形成由课程调查、课程规划、组织实施、评价反馈、管理保障等组成的学校课程建设体系。以确保课程规范、有序和科学的校本实施，并根据实施情况在每个学年进行适当的修改和改进。课程评价坚持体现多样性、过程性、开放性和示范性，通过评价实现课程全过程的质量管理和质量保障。按课程分类实施和评估如下：

一、构建"童味课堂"，提升学校课程品质

"童味课堂"是侯店小学"满爱教育"的产物和实践，是心灵品质的课堂。"童味课堂"和谐、灵活、生成、发展，因材施教，与学校育人目标相对应。根据学校课程体系，构建组合、整合优化等环节，构建学科课程群。

（一）"童味课堂"的要义与实践

"童味课堂"是一个和谐、灵活的课堂。在具体操作上，"童味学科"的师生合作关系要体现人与人相互之间广泛而积极的互动，在互动中沟通、补充、影响，从而形成一个师生共识、共享、共进的课堂环境，达到一种共生、发展、和谐的关系。

"童味课堂"是产生发展的课堂。这样的课堂能发挥学生的主体地位，满

足学生求知的愿望，展示课堂教学的真实性，体现教师的教学智慧和教学艺术。在具体操作上，"童味课堂"的教学内容丰富，基于教材，立足学科素养，致力将课程变得更丰富，学以致用。

"童味课堂"是循序渐进的课堂。就如栽培树木一般，要根据树木生长的情况作适量的灌溉。在具体操作上，"童味课堂"针对学生的年龄特点，制定科学恰当的学科年度教学目标。

学校树立"以生为本"理念，以提高课堂教学质量为着眼点，扎实推进"童味课堂"建设。

1. 落实"童味课堂"有效备课是前提。学校对各学科组备课提出总体要求，提供了与课堂学习模式相匹配的模板，引导教师从备课开始有意识地进行两个转变，一是由"教师为主"转向"目标聚焦"，二是通过课堂"以教为主"转向"以生为本"。同时，学校通过措施的跟进提高教师备课实效。

2. 开展聚焦课堂问题的研究。推动课堂深入变革，必须有足够的能量，而学习与研究则是积蓄能量的源泉。学校构建两个层面的研究网络：一是教研组以课例为载体，进行专题研讨活动，确定目标、寻找问题。二是学科组每月一次的教研活动，根据各教研组研修的进展状况，整体把握学科教学。由低、中、高年级主动参与，轮流展示教学与研讨的全过程，形成多层次的对话交流。同时，依托典型案例征集活动让课堂操作有路径，最后以教研组为单位，汇集众人的智慧，推出典型案例供学习研究。

（二）"童味课堂"的评价标准

依据"童味课堂"的含义，制定以下评价标准（见表4-5）。

表4-5 合肥市侯店小学"童味课堂"教学评价表

课堂意涵	评价指标	评　价　标　准	量化评价
因材施教	教学理念（10分）	以学生为本，一切为了学生的发展，以培养创新人才为宗旨。（3分）	
		以学生为主体，学生是学习的主人。（2分）	
		面向所有人，因材施教。（5分）	
循序渐进	教学目标（10分）	符合新课程教学标准，适应学生发展过程中需要，体现知识与技能，过程与方法，情感、态度、价值观为一体。（2分）	

（续表）

课堂意涵	评价指标	评 价 标 准	量化评价
循序渐进	教学目标（10分）	教学可以从认知基础、心理发展水平和思维水平出发，激发学生的思维，激发学生自身的经验和知识。（3分）	
		教学目标设定从学情出发，贯穿于教学全过程。（3分）	
		能根据目标的需要删减、重组、整合并渗透、扩展和延伸。（2分）	
生成发展	教学内容（10分）	正确理解并能创造性地使用教材，科学准确地精选终身学习必须具备的基础知识和技能。（2分）	
		教学内容与学生生活以及现代社会和科技发展紧密联系，关注学生的学习兴趣与经验。（2分）	
		教学内容充实有梯度，体现基础性、实践性、发展性，学生能够主动参与知识形成的全过程。（4分）	
		课堂知识预设和生成关系处理恰切，对课堂生成信息能正确引导，培植生成新问题、新知识。（2分）	
共生生成	教学过程（40分）	教师能依据课堂教学进度情况与课堂生成的问题采取有效方式，调整课堂预设，满足学生思维发展的需要，完成课堂教学任务。（5分）	
		教学情境创设新颖，教学活动设计科学得体，组织形式灵活多样，能激发学生的学习动机，以问题为中心，引导学生积极思考，主动探究。（5分）	
		突出学科思维方法，培养学生自主、探究、合作、体验的学习能力。（5分）	
		教学结构合理，教学过程逻辑有序，能围绕重点目标留出学生充分思维、充分想象、充分质疑和充分求异的时间与空间。（5分）	
		不机械地参考教案，不把学生当作配合教师实现教案的工具，不出现毫无价值的形式主义问答，在教学过程中从实际出发调控教学。（5分）	
		师生人格平等，尊重学生人格、尊重学生的自尊心、自信心、自爱心，在生生、师生的平等交往中展示自身能力。（5分）	
		能用鼓励性评价对待学生的课堂反应，用宽容的策略处理解答出现错误的同学，不用分数和等次羞辱、压抑和批评学生，更不能体罚或加重学生负担。（5分）	
		教师用尽可能多的方法满足学生在认知、生理、情感、个性等方面的需求，注意给每个学生提供活动、表现胜利的机会。（5分）	

（续表）

课堂意涵	评价指标	评 价 标 准	量化评价
和谐灵动	教学效果（30分）	学生全员参与活动，课堂气氛和谐、民主、宽松、热烈，知情交融，教与学两方面都不断有激情产生。（8分）	
		学生乐于动脑、动口、动手，精神饱满，思维活跃，情感愉悦。（4分）	
		学生做到独立思考与合作交流相结合，能力得到提高。（4分）	
		学生对教师提出的问题积极思考，对问题善于发表自己的独到见解。（4分）	
		师生分享彼此的思考、经验和知识，交流彼此的情感、体验与观念，达到共识、共享、共进，实现教学相长和共同发展。（10分）	

二、建设"童味学科"，丰富学校课程体系

"童味学科"以学科基础课程为中心，依据学科课程标准，体现学生全面发展要求，对学科基础课程进行延伸，从而构建"童味学科"课程群，丰富完善知识内容，提高学科综合能力，促进每一个孩子健康发展。

（一）"童味学科"的建设路径

1+X学科课程群建设。"1"指的是一门基础性课程，"X"指的是教师围绕基础课程自主开发的基于儿童需求、指向核心素养、突出学科特点的多门延伸课程。

1. "童味语文"课程群。语文是多彩的学科，优美铿锵，激情澎湃，意义深远，汉语课程应激发和培养学生对汉语的热爱之情，引导学生丰富语言积累，培养语言意识，发展思维。我们立足促进孩子全面发展，拓展研发了"童味语文"课程群。

2. "童味数学"课程群。数学课程的核心价值是要面向全体学生，适应学生个性发展的需要，以学生的认知发展水平和已有的经验为基础，激发学习兴趣，注重启发式和因材施教，引导学生获得基本的数学活动经验和体验，促进学生情感、态度和价值观的发展。

3. "童味5I英语"课程群。基于课程目标，依托"5I"学科课程理念，确立我校系统而持续渐进的英语课程体系目标，逐步实现对语言综合运用能力

培养的总目标。

4."童味智想信息"课程群。结合学生的生活和学习中的实际问题，让学生在活动管理过程中掌握应用信息网络技术，掌握解决这些问题的思想和方法；倡导学生将所学的信息科学技术积极地应用到生产、生活和信息系统技术革新等各项实践活动中去，在实践中创新，在创新中实践。因此，我们拓展创设了"童味智想信息"课程群。

（二）"童味学科"的评价要求

我们根据"童味学科"的意涵，在日常的课程开设过程中考查该课程是否按照原先的计划执行，并通过七个角度即课程目标、课程内容、课程教学、课程关系、课程状态、课程效果、课程发展对该课程是否成功进行评价（见表4-6）。

表4-6　合肥市侯店小学"童味学科"课程评价量表

评价角度	达成标准	评价要素建议	评价等级		
课程目标	符合育人期待	目标明确，时间安排合理，逐步增强学生的学习效果			
课程内容	符合课程定位	整合与研发的内容选取适当，设计精致新颖，符合学科要求及发展趋势			
课程教学	符合学习规律	创新的教学方法对学生具有全方位的训练，给学生最好的指导，并且作用于学生素质的提高			
课程关系	体现出良好的师生关系	全面照顾学生，公平对待学生，给学生最好的帮助和鼓励			
课程状态	表现出积极的学习状态	有充分的自由学习的时间，拥有最佳的学习状态			
课程效果	呈现出满意的学习效果	达到预期的课程目标，以较好的学习效果得到学生的信任，教书育人效果明显			
课程发展	实现了课程的动态发展	能够充分地利用现代教育技术手段并随着知识的更新，课程内容、资源、方法、手段不断更新			

三、开设"童味社团"，发挥兴趣爱好特长

"童味社团"是学校课程的一个组成部分，是培养学生综合素质的重要载体。"童味社团"对于有效提升学生综合素质，促进学生多元化成长具有重要的现实意义。我们创建"童味社团"，让孩子们在各具特色的活动中，体验生

活，提升素养，涵养心灵。

（一）"童味社团"主要做法

基于学校办学理念，围绕"打好基础，滋养内涵，健康成长"的育人思想开展活动。"童味社团"既能拓展和延伸课堂教学内容，又能较大程度地培养学生的兴趣和特长。

"童味社团"以发展学生兴趣爱好为宗旨，打破年级界限，通过形式多样的活动，丰富课余生活，提高学生自主管理能力。学校社团先由师生自发组织校园招募活动，再由学生自主报名，并经过基本考核加入社团，最后由师生共同制定社团章程、考勤制度。辅导老师精心设计活动方案与评价方式等，形成一套社团课程资料。社团课程充分利用学生课余时间定期开展相关活动，指导学生做好活动记录，一方面，唤醒学生兴趣，调动学生参与实践活动的积极性；另一方面，引导学生不断积累经验，发展个性特长，丰富社团活动内容，从而进一步完善社团课程规划。

围绕"蒲公英课程"的内涵，"童味社团"开设以下课程（见表4-7）。

表4-7　合肥市侯店小学"童味社团"设置表

课程类别	社团名称	社团课程目标
文学类	智绘童心 英语口语 快乐英语	通过诵读、表演、绘画等活动，激发学生的人文学习兴趣，提高学生的语言感受力。
自然类	馨创水培	通过科学小实验等课程，培养学生的动手、动脑能力和创新精神，让学生感悟成功，热爱学习与生活。
思维类	电脑绘画	通过多样的电脑制作，锻炼学生的动手能力，激发学生的创造性思维和想象力，提高学生的审美能力和美化生活能力。
艺术类	合唱团 墨香会 趣味童画 妙音弦律 巧手生花	在艺术中锻炼学生的艺术技能，提高学生审美能力，传承祖国优秀传统文化，同时陶冶学生情操，培养学生良好品格和团结协作的群体意识。
运动类	篮球社 棋乐无穷 快乐足球社	在运动中，提高学生的运动技能，培养学生锻炼意识，感受强身健体和运动的兴趣，同时培养吃苦耐劳、勇于拼搏的精神。

（二）"童味社团"的评价要求

我校的"童味社团"课程，从机构与管理、活动组织与开展这两个方面进行评价，采用每周的活动开展情况评价与学期末的综合评价相结合的方式，具体评价标准如下（见表4-8）。

表4-8 侯店小学"童味社团"评价实施细目量化表

项目	评 价 标 准	得分	评估方法
社团机构与管理	1. 社团管理体制完善，设置合理，制定符合学生实际生活的社团建设实施方案。（10分）		1. 实地查看 2. 材料核实 3. 师生座谈 4. 成果展示 5. 活动巡查
	2. 建立、健全社团各项规章制度。（10分）		
	3. 社团会员人数、规模适度，资料档案齐全。（10分）		
	4. 指导教师认真履责。（10分）		
	5. 社团突出学生的主体性和创造性，让学生在社团活动中自主、健康发展。（10分）		
	6. 社团空间固定，文化建设环境良好（10分）		
活动组织与开展	7. 经常和定期开展社团活动，组织有序、记录完善。（10分）		
	8. 社团活动内容丰富，形式多样，有利于培养和锻炼学生多方面的素质，体现校园文化精神。（10分）		
	9. 社团成果显著。（10分）		
	10. 活动取得较好教育效果，在学生中有一定的影响。（10分）		

总之，"蒲公英课程"资源规划设计仅仅是一粒粒种子，在"侯小"这块沃土上能否开出多姿多彩的鲜花，需要我们全体教职人员的精心呵护，辛勤浇灌，期待我校精彩纷呈的校园文化闪耀出中国智慧和光芒。

（撰稿者：宋执斌）

第五章

有条不紊，推进课程实施

课程实施是根据课程目标实现预期教育结果的手段，是一个动态变化的过程。派纳说："课程不再是一个事物，也不仅是一个过程。它成为一个动词，一种行动，一种社会实践，一种私人的意义，一种公共的希望。"课程实施就是孩子将知识活跃内化的过程。学校和教师应当在具体的课程活动中根据教学实际情况对课程进行适当的调整和改进。

学校课程体系的多元性要求课程实施的策略也需要相应多元化。我国长期以来采取的是自上而下的集权式课程管理模式，要求学校和教师按照课程计划严格执行，这种模式虽然可以方便统筹管理，但缺点是实施策略较为单一、呆板。相较而言，美国课程专家麦克尼尔提出的自中而上，自下而上的课程实施策略更适用于课程改革下的学校课程的实施。自中而上策略是由学校发起，统一规划学校课程，实现跨学科的课程整合，制定实施方案，从而保障学校课程的顺利实施。自下而上策略是调动教师的积极性，充分参与学科课程的校本化实施，参与学校课程的开发、实施，最后经学校统筹管理、实施、评价、改进。学校在课程实施的过程中应当结合学校的实际情况，对现有资源进行有效利用，做到因地制宜。课程实施的方式要兼顾教师和学生的特点，逐步推进，使得课程与社会、学校、师生、自然有机地结合起来。

　　为了保证学校课程的贯彻实施，第一步就是确定学校的课程实施方案。伴随学校课程改革的不断推进，学校课程的建设需要更加全面、更加系统，依据学校的教育哲学和课程目标从整体上对学校课程进行规划。首先组建全员参与的课程开发队伍，征集社会、师生、家长等各方意见进行课程规划。进而开发学校课程，编写课程教材，在实施过程中不断修改完善，探索创新，建设具有本校特色的课程体系。

　　教学活动是课程的具体实施阶段，教师依据确定的学校课程目标、内容展开课堂教学。教师是学校课程实施的主体，因此必须提高教师的课程意识，在课程中尊重学生的主体地位，引导学生参与课程的创生过程。

　　评价是一种价值认识活动，评价的过程是对一个评价对象的判断过程。在教育活动中，评价通常用于判断课程的实施结果，即对课程目标的完成情况进行研究。然而在实践中，只要在课程的实施过程中存在评价，评价就会对课程的实施产生影响。因此在学校课程实施过程中，评价不但构成学校课程实施的情境，也是保证学校课程实施的重要手段，更是学校课程实施的重要部分。

　　学校课程实施中的评价方式多种多样，有三个重要原则是制定评价标准时需要考虑的：一是量化和质化相结合，综合考虑孩子的身心发展；二是自我评价和他评相结合，评价主体的多元化使得"知识不是被动传递，而是主动建构的";三是个体差异性评价、绝对评价和相对评价相结合。[①]

学校需要通过对课程实施过程中不同阶段、不同对象分组、分时段实施评价,及时对课程规划进行动态调整,从而保证学校课程的顺利实施。

(撰稿者:赵 青)

学校坐标 合肥市颐和中学
课程模式 如歌式课程:让每一个孩子感受美好年华

合肥市颐和中学于2007年9月建成,位于青阳路和史河路交口西行300米,五里墩立交桥北端。毗邻高档小区,北有中央美域,西有凤凰城桂香堤岸,南有庐阳佳苑、颐和耕苑,东邻颐和清苑、橙苑、高河花园,另与中国电科第三十八所、解放军第901医院、中医学院、江淮学校等重要单位相邻。这里交通便捷,环境优美,人杰地灵,是孩子学习的理想场所。合肥市颐和中学拥有一万三千余平方米面积,约九千平方米的建筑面积,先进的教学设备,功能齐全的设施,丰富的藏书,小班化教学模式,是周边居民满意的学校。如今已有一千多名在校生,22个教学班。82名优秀教师来自全省各地,其中党员27名,17名中学高级教师,省级教坛新星2人、市区级骨干教师21人,10人获得全国各类教学比赛一、二等奖,多人次获得省、市优质课一等奖及优秀教师、优秀班主任等荣誉称号。

近年来,学校教育教学取得了显著成果,合肥市"花园式学校""绿色学校""平安校园""安徽省射击传统学校""德育先进单位""卫生先进单位""安徽省家教名校"等荣誉纷至沓来。毕业生中考成绩优异,捷报频传。

自强不息的颐中师生,践行"博爱为先、笃学为风、创新为倡、树人为本"的严谨教风,营造"博学、敏思、励志、笃行"的浓厚学风,坚持"心怀责任,梦想未来"的校训,恪守"怡心怡身,美人美己"的办学理念,努力提高教育教学质量,把颐和中学打造成"教师的精神家园、学生的成长乐园、家长的满意校园",打响蜀山教育新品牌。

---

① 崔允漷,徐瑰瑰.论课堂评价的后果效度[J].课程教材教法,2014,(7):97-102.

第一节

让每一个孩子感受美好年华

一、学校教育哲学

我们将学校的教育哲学概括为"怡美教育"。学生生活在美丽的校园，参与着合理的课程，怡心怡身，美人美己。让生活奏出如歌的节奏，踏着如歌的旋律，感受美好的年华带来的生命的律动。

学校结合校情、办学经验，提出"让每一个孩子感受美好年华"这一核心课程理念。

伯特兰·罗素是20世纪西方著名的英国思想家，他曾提出"教育就是通过引导和改造人的本性，培养理想的人及其理想的品格，以达到改造社会、创立理想社会和美好生活的目标"。简而言之，教育的目的是"培养人的理想品性"。

北京十五中校长提出：每一个人都具有独一无二不可替代的价值，人生真正的幸福在于在各自的生命道路上寻找自我，进而超越自我。"教育让人生更加美好。"这是他对于教育最根本的价值理解。

教育，是人的教育，教育的目的是为了让生命更具价值，让生活更美好。为了生活更美好的教育，一定是本自具足的丰满的教育，唯有这样的教育，才具有创造性，才能拥有让生命更精彩的源源不断的持续力量。

何为"怡美教育"？就是教育使人身心愉悦，使人的生活变得更加美好。创造美好的环境，去熏陶孩子美好的心灵；打造美丽课堂，用循循善诱的办法让孩子领悟学习的重要和美好；用最真诚的情感，来唤醒孩子内心对美好生活的认识，实现自我价值的提升。学生在良好的氛围中享受集体生活带来的愉悦；在积极乐观的精神指引下，让身边的人也感受到生活的愉悦和美好。怡美教育就是让教师有一双发现美的眼睛，带着赏识和智慧育人。

总之，怡美教育是艺术的，是教育的最高境界。我们提出了以下教育信条。

我们坚信，怡美教育是滋养生命的沃土。怡美教育是启迪智慧、唤醒心灵、滋润生命的教育。马克思的人本理性哲学是这一理念的沃土，追求人的合理生存、健全发展与走向自由解放是它的核心价值。我们的教育对象是鲜活的生命，他们有尊严、有思想、有个性。培植一方辽阔、浑厚、深沉和绚丽的沃土，是每位教育人的职责。让孩子们"诗意地栖息于大地之上"，从而期待着完成自己生命的升华。因此，怡美教育，应该是滋养学校、教师和学生生命的沃土。

我们坚信，每个孩子都有美好的心灵。每个生命个体都会拥有美好纯净的心灵，热爱着集体，热爱着生活。怡美教育就是让每个孩子最美好的心灵绽放。

我们坚信，"以教人者教己"是教育者的最美境界。"以教人者教己"是陶行知先生的教育思想之一。陶行知先生的理念就是"教学做合一"。学校是师生共同生活的乐园，师生在同甘共苦中获得精神的沟通，感情的融合。教师能够在教育学生的同时，获得生命价值的提升，从而达到教育者的最美境界，这个正是"教学相长"的体现。

我们坚信，怡美教育是唤醒学生尊重生命良知的教育。"教育就是一棵树摇动另一棵树，一朵云推动另一朵云，一个灵魂唤醒另一个灵魂。"（雅思贝尔斯语，德国哲学家）教育就是教育者用自身的言行去唤醒另一颗种子，并用实践行动影响它，使之潜滋暗长、叶茂枝繁。教育工作复杂而繁重，但作为教育者，根本工作是要培养学生良好的思想品质、人文情怀，其中最重要的责任乃是唤醒学生尊重生命的良知。

我们坚信，怡心怡身、美人美己是教育最优美的姿态。朱永新教授发起并倡导的新教育实验的核心理念是"过一种幸福完整的教育生活"。朱教授是这样解释"幸福完整的教育生活"的：教育是生活的一种特殊的方式，是幸福的、完整的。怡美教育就是"过一种幸福完整的教育生活"，怡心怡身，美人美己,是幸福完整教育的追求,是教育最优美的姿态。

二、课程理念

我校的课程理念是"让每一个孩子感受美好年华",其内涵是以下几点:

(一)课程即生命的体验

所谓"体验",简而言之就是指通过实践来认识事物。"体验教育"就是教育对象在实践中认知、明理和发展。这里的"体验"至少包括两个层面,即行为体验和内心体验。行为体验是一种实践行为,是亲身经历的动态过程,是学生发展的重要途径。内心体验则是在行为体验的基础上所发生的内化、升华的心理过程。两者是相互作用、相互依赖的,对促进少年儿童的发展具有积极作用。体验教育既应注重教育活动的形式与过程,也应注重少年儿童这一实践主体的内心体验。它要求少年儿童用"心"去体验,用"心"去感悟,引导他们在体验中把教育要求内化为品质,外显为行为。怡美课程就是培养和挖掘学生的潜能,激发其体验生命状态,使其成为自信、喜悦、尊贵、幸福的人。

(二)课程即个性的彰显

将来的一代人生存和发展的基本素质应该是具备独立的人格、独特的个性和独创的精神。人类都是有共性的,从著名的斯芬克斯之谜到柏拉图的"四足无毛动物",从生物学的基本理论到精练的科学阐述:"人是会制造工具的动物。"人类一直在设法描述和反映这种共性;人有个性,正是有了无比丰富的个性,人类社会才变得纷繁多样,饶有情趣。

美国著名学者J·W·基夫认为:个性化教育将成为21世纪教育的必然选择,也是教育改革的核心。个性孕育了创新,创新展示了个性。具有独立意义的人就是有个性的人,有个性的人一定是有价值的人。怡美课程的实施就是尊重个性、弘扬个性的表现,高度发展学生个性,是有价值的课程。

(三)课程即心灵的唤醒

德国教育家第斯多惠曾说:"教学的艺术不在于传授本领,而在于激励、唤醒和鼓舞。"教育就是要唤醒人们心灵最美好的东西,唤醒人们自主创新意识,唤醒人们对生命价值的深切感悟,也唤醒人们对教育的思索。

育人先育心,浇树要浇根。怡美课程,就是要唤醒孩子的责任与良知,使他们的人格得以健全完善；唤醒孩子追逐人生梦想，成就美丽人生。

（四）课程即美好的旅程

学生时代最美的时光要数初中，初中正是青春萌芽的岁月，有着美好的梦想和情感，让无数的少年渴望生活，渴望创造，渴望学习。人人想为自己的人生谱写一曲壮丽的乐章。

教育如歌，生命如诗。怡美教育就是要打造"如歌式课程"，让青少年在生命的最美时刻，通过身体器官、思想意识的作用，自身产生愉悦、美好的体验与感觉，让每一个孩子感受美好年华。

第二节

怡心怡身，美人美己

一、育人目标

"怡心怡身，美人美己"这是我们恪守的教育理念。我们要努力把学生培养成"身体健美，读书精美，习惯完美，品性淳美"的"怡美少年"，这是人文底蕴与科学精神兼备的现代少年形象。"怡美少年"具体内涵如下：

身体健美：积极锻炼、强身健体、提高技能；

读书精美：乐学善学、注重积累、勤于反思；

习惯完美：文明守信、勇于探究、善于沟通；

品性淳美：自信友善、自强豁达、健全人格。

二、课程目标

育人目标是通过课程目标去达成的，通过怡美教育系列课程，让颐和中学每一个孩子感受美好年华，用充实的生活体验取代青春的迷惘，用有益的兴趣爱好取代不良嗜好的风险，让学生们在阳光中感受最美好的年华。为了实现育人目标，我们把四个目标维度进行细化，形成课程目标（见表5-1）。

表5-1 合肥市颐和中学七、八、九年级的课程目标表

目标维度\年级	七年级	八年级	九年级
身体健美	1. 认识自己的身体，掌握锻炼身体的知识及方法，学会一些体育卫生保健和安全常识，培养认真锻炼身体的态度。 2. 初步学习田径、跳跃、体操、球类等项目的基本技术，掌握简单的运动技能，进一步发展身体素质，提高身体基本活动能力。 3. 具有体育运动兴趣，培养勇敢、顽强、自觉遵守规则、团结协作等优良品质。	1. 学会体育卫生保健和安全基本常识，培养认真锻炼身体的态度。熟练掌握眼保健操和新的广播操。 2. 学习田径、体操、球类等项目的基本技术，发展素质，提高身体基本活动能力。 3. "以学生为本，健康第一"是我们的目标，感受体育活动中尝试与体验，感受体育运动的益处，体会体育运动的乐趣，体验战胜困难，获得进步的成功喜悦。	1. 养成良好的锻炼习惯，掌握好九年级中考要面对的四至五个被测试项目。 2. 收集并掌握更多的体育时事，丰富知识，以备综合能力考试。 3. 体验运动的乐趣，能够在玩中学，在学中锻炼身体。
读书精美	明白什么是创新，强化创新意识，激起创新欲望。积极参与实践，进行深层次的思考，能提出问题，提出自己独特的见解。	明白什么是创新，强化创新意识，激起创新欲望。积极参与实践，进行深层次的思考，能提出问题，并初步提出解决问题的方法思路。领悟知识的同时，提出自己独特的见解。	明白什么是创新，强化创新意识，激起创新欲望。积极并主动参与实践，进行深层次的思考，能提出问题，并初步提出解决问题的方法思路。领悟知识的同时，提出自己独特的见解，并运用科学的方法在实践中研究解决问题。
习惯完美	1. 培养初步感受美和艺术美的能力，审美的想象和联想能力。 2. 具有正确理解和基础知识善于欣赏艺术美的能力；形成对于美和艺术美的爱好，激发对艺术美的兴趣，培养爱美的情感。 3. 培养和发展创造艺术美的才能和兴趣。	1. 培养充分感受现实美和艺术美的能力，发展高尚的审美情感；培养审美的想象能力，以掌握艺术形象。 2. 具有正确理解和善于欣赏艺术美的知识与能力；形成对艺术作品和社会上的美好爱好，激发对艺术美的兴趣，培养爱美的情感。 3. 培养和发展创造美和艺术美的才能和兴趣，养成美化环境以及生活的能力和习惯。	1. 培养充分感受现实美和艺术美的能力。发展高尚的审美能力，以区别真善美与假丑恶，培养审美的想象和联想能力，以掌握艺术形象。 2. 正确理解和善于欣赏艺术美的知识与能力，分析和评价艺术作品和社会上的美好事物，培养审美能力，激发对艺术美的兴趣，培养爱美的情感和精神享受。 3. 培养和发展创造实现美的才能和兴趣的法则建设美化环境以及生活中的能力和习惯，注意发展艺术才能。

（续表）

目标维度	七 年 级	八 年 级	九 年 级
品性淳美	1. 思想品德目标 ①具有"爱祖国、爱人民、爱劳动、爱科学、爱社会主义"的思想素质，具有民族自尊心、自信心和自豪感；②初步树立"为中华崛起而读书"的学习目的；③学习并继承中华民族的传统美德和革命传统；④相信科学，拒绝迷信。 2. 道德行为目标 ①培养自觉遵守社会公德的意识；②自觉遵守《中学生日常行为规范》和《中学生守则》；③初步养成以礼待人、关心集体和他人、以为集体和他人做好事为荣的观念；④勤俭节约、尊重劳动，爱惜劳动成果；⑤初步懂得责任和义务内涵。 3. 个性心理品质和能力目标 ①活泼开朗、乐观向上、积极进取，勇于创新；②初步具有辨别是非、善恶、美丑的能力；③培养与同学友好相处、互相帮助、共同进步的良好品质；④初步具有承受挫折和压力的心理准备；⑤初步形成自尊、自爱、自信、自强的观念。	1. 思想品德目标 ①进一步培养"爱祖国、爱人民、爱科学、爱社会主义"的思想素质和民族自尊心、自信心和自豪感；②具有初步的法制观念和法律意识，知法、守法；③树立爱校、爱家乡的思想感情，树立为中华振兴而刻苦学习的情感；④相信科学，拒绝迷信和陈规陋习，初步具有科教兴国意识。 2. 道德行为目标 ①养成目觉遵守社会公德的意识与行为习惯，继续遵守文明的行为习惯和《中学生日常行为规范》和《中学生守则》；③关心集体和他人，以为集体和他人做好事为荣，能正确处理人际关系；④珍惜时间和学习机会，有正确的学习态度和较为科学的学习方法；⑤积极参与公益事业。 3. 个性心理品质和能力目标 ①养成与巩固良好的个性心理品质；②能够较正确地看待和评价自我，具有初步的自我调控能力；③珍惜时间和学习机会，努力学习，学会学习，学会生活，学会做人后人后形成良好品质，进一步形成自尊、自信、自爱、自强的观念。	1. 思想品德目标 ①了解我国基本国情和社会主义初级阶段界定的含义以及建设有中国特色的社会主义的基本常识；②热爱中国共产党，了解党的基本路线和方针政策；③具有进一步的法律意识和法制观念，懂法、守法；④树立主人翁意识和民族责任心、自豪感，立志"报效祖国"；⑤积极要求上进，争取加入团组织。 2. 道德行为目标 ①继续培养与巩固自觉遵守社会公德、文明礼貌的行为规范；②能自觉遵守《中学生守则》和《中学生日常行为规范》；③心中有他人和集体；④有正确的学习态度、学习方法，努力学习，立志成材；⑤自觉树立较正确的人生观和世界观。 3. 个性心理品质和能力目标 ①进一步具有较稳定健康的个性心理品质；②初步形成稳定的兴趣、爱好、意志、情操等内在性格；③基本形成稳定的健康的人际交往关系圈子，正确处理同异性之间的交往和友谊；④初步具有用正确的观点、思想、方法观察和处理问题的能力。

第三节

让孩子在怡美探索中享受快乐

完善的课程体系是孩子成长的供给力，是实现学校教育哲学的关键载体。学校从校情出发，通过学校课程逻辑、学校课程结构和学校课程设置的构建，展现学校课程的逻辑性、丰富性和特色性。

一、学校课程逻辑

进一步提升课程理性，构建富有学校文化特色的课程模式，学校梳理、构建了课程逻辑。即基于学校"怡美教育"哲学、课程理念等，建设"怡美课程"体系，并以怡美课堂、怡美学科、怡趣社团等为路径推进课程实施，以此实现学校的育人目标（见图5-1）。

教育哲学	→	怡美教育
办学理念	→	怡心怡身，美人美己
课程理念	→	让每一个孩子感受美好年华
课程模式	→	怡美课程实践模式

课程结构：怡身馆 | 怡问亭 | 怡律堂 | 怡情轩 | 怡德廊 | 怡新社

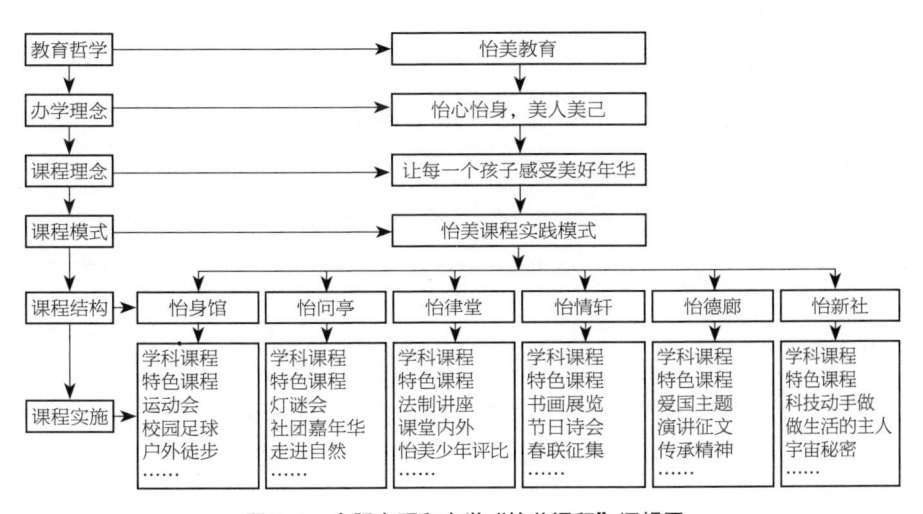

课程实施：

- 怡身馆：学科课程/特色课程/运动会/校园足球/户外徒步……
- 怡问亭：学科课程/特色课程/灯谜会/社团嘉年华/走进自然
- 怡律堂：学科课程/特色课程/法制讲座/课堂内外/怡美少年评比
- 怡情轩：学科课程/特色课程/书画展览/节日诗会/春联征集
- 怡德廊：学科课程/特色课程/爱国主题/演讲征文/传承精神
- 怡新社：学科课程/特色课程/科技动手做/做生活的主人/宇宙秘密

图5-1 合肥市颐和中学"怡美课程"逻辑图

二、学校课程结构

教育部研制印发的《关于全面深化课程改革落实立德树人根本任务的意见》提出"教育部将组织研究提出各学段学生发展核心素养体系，明确学生应具备的适应终身发展和社会发展需要的必备品格和关键能力"。我们根据这一指导思想，将怡美课程整合形成六大领域课程群。各个课程群均有完整、独立、健全的课程设置，并依据各课程特色实现相应年级交叉。

身心健康课程群。这一课程群旨在教育学生珍爱生命、健全人格、学会自我管理，在生活学习中正确认识自我、发展健全身心、做好人生规划等。

科学探索课程群。这一课程群旨在培养学生理性思维、学会批判质疑、勇于实践探究，通过此，让学生在学习、理解、运用科学知识和技能等方面形成正确的价值标准、思维方式以及行为表现。

乐学善思课程群。这一课程群旨在培养学生学习兴趣，乐学善学，在学习中勤于反思。在课程实施过程中形成学习意识，有目的地选择学习方式方法。

艺术审美课程群。主要是学生在学习、理解、运用人文领域知识和技能等方面所形成的基本能力、情感态度和价值取向。具体包括人文积淀、人文情怀和审美情趣等基本要点。

修身养德课程群。主要是学生在处理与社会、国家、国际等关系方面所形成的情感态度、价值取向和行为方式。具体包括社会责任、国家认同、国际理解等基本要点。

创新实践课程群。主要是学生在日常活动、问题解决、适应挑战等方面所形成的实践能力、创新意识和行为表现。具体包括劳动意识、问题解决、技术应用等基本要点（见图5-2）。

三、学校课程设置

遵循"怡心怡身，美人美己"的办学理念，结合学校课程资源情况，对整合课程进行设置，构建了怡美课程具体框架（见表5-2）。

图5-2 合肥市颐和中学"怡美课程"结构图

表5-2 合肥市颐和中学怡美课程设置

课程 年级	身心健康 怡身馆	科学探索 怡问亭	乐学善思 怡律堂	艺术审美 怡情轩	修身养德 怡德廊	创新实践 怡新社
七年级上	怡美两操、怡美心理咨询、课外访万家、怡美运动会	怡美班级、社团嘉年华、科技进校园	怡美春节、怡美读书节、法制教育	怡美中秋手抄报、感恩教育、环保教育	扣好人生的第一粒扣子、国防教育、理想信念教育	怡美重阳敬长辈、怡美志愿者、自信的我
七年级下	清明节祭奠、徒步大蜀山、少男少女初长成、校园足球	做课堂的主人、解决被困思维	元宵节灯谜搜集活动	校园文化艺术节、学英雄见行动	端午节主题班会活动、做时代的小主人	开启创造之门、假期社会实践
八年级上	青春红绿灯、走进社区	社团嘉年华、参观科技馆	法制宣传日、怡美学生会	中秋节诗词诵读赛、美妙春联收集	六爱五心、爱国演讲、国家公祭日	重阳节社区敬老、怡美志愿者
八年级下	成为受欢迎的人	进门读书习惯、消除生活中的盲区	青春宣言、做新时代好少年、怡美家长课堂	元宵灯谜创作、端午做香囊	清明节"网上祭英烈"	科技动手做

（续表）

课程\年级	身心健康 怡身馆	科学探索 怡问亭	乐学善思 怡律堂	艺术审美 怡情轩	修身养德 怡德廊	创新实践 怡新社
九年级上	重阳节登高活动、从容应对青春的烦恼	做时间的主人、科技进校园	争当优秀中学生、抵制压力	中秋节诗词朗诵大会、书法画绘画展	传递志愿者精神、国家公祭日宣传活动	寒假社会实践活动、志愿者
九年级下	学会拒绝、笑迎挫折	经典诵读、在壮丽的人生道路上	"我的青春剪影"活动	元宵节猜灯谜活动、家长进课堂	清明节"网上祭英烈"寄语征集活动	端午节包粽子活动、感恩有你

总之学校依据"怡美教育"哲学和"让每一个孩子感受美好年华"课程理念而构建的"怡美课程"体系，力求将各门课程有机结合成为一个紧密联系、富有逻辑的"育人整体"，从而有逻辑地推进学校课程变革。

第四节

让每一个孩子在怡然美好中成长

课程最美好的呈现是实施。学校课程实施是孩子们与美好世界打交道的方式，过程需要老师和学生充分参与，如此孩子的聪明才智才得以显现。在实践活动中，在怡然美好中，孩子们能够享受无与伦比的美好，快乐地成长。

一、建构"怡美课堂"，提升学校课程品质

课堂是教师和学生的主阵地，"怡美课堂"采用多样化的教学形式，拓展孩子视野，让孩子们在课堂中获得知识，在课堂中感受中华文化的魅力，在课堂中陶冶情操，在课堂中享受美好，在怡然美好中快乐成长。

为了达成这一目标，学校在实践中将"怡美课堂"分为四类课堂，即怡美人文课堂、怡美艺术课堂、怡美健身课堂、怡美科学课堂。1. 怡美人文课堂包括语文、道法、历史、地理等学科。目标是让学生扩大阅读量，知晓历史，了解世界，培养人文素养，形成正确的人生观、价值观、世界观。2. 怡美艺术课堂包括音乐、美术、书法、舞蹈等学科。目标是让学生学会欣赏美、感受美、理解美，从而热爱美、创造美，在美好中陶冶情操，形成正确审美价值。3. 怡美体育课堂包括体育课、运动会、健身操、射击、足球赛、羽毛球赛等。目标是让学生强健身体，锻炼拼搏意志，培养协作精神。4. 怡美科学课堂包括数学、物理、化学、信息技术等。目标是让学生了解自然现象，探究事物本质，培养观察能力；训练逻辑思维，解决实际问题；掌握现代信息技术，学会在实践中运用。

学生在"怡美课堂"中了解中华文化知识、自然科学知识，学会发现美、感悟美、创造美，学习科学知识，并在实践中运用，培养积极向上的精神，在学中思，在学中做，在学中乐，在乐中成长。

二、创设"怡乐节日"，落实节庆文化课程

作为中国传统文化的重要载体，传统节日文化活动为我们的生活样式和生存状态提供了生动的写照，经过历史的淘洗，有着极强的人文内涵，充满了触动人心的力量，发掘这些动人的魅力是培养"怡美少年"的关键所在，文化的流传是个耳濡目染的过程，需要一定的环境和条件，"怡乐节日"课程的创设赋予中华民族传统节日以更多的现代意义和时代气息。

"怡乐节日"课程在实施过程中，主要以传统节日为主。1. 春节，了解自己家乡的春节文化，及时记录身边发生的美好瞬间；享受与家人在一起的幸福时光，分享自己的快乐。2. 元宵节，了解灯谜文化，理解灯谜命题规则，学会创作新颖的灯谜。3. 清明节，倡导文明祭祀，缅怀革命先烈。4. 端午节，了解端午节的来历、传说，同学之间友好相处，养成热爱劳动的习惯，加深对班集体的感情。5. 中秋节，了解中秋节文化传统，搜集相关诗词、文章，参加中秋节诗词书法比赛，能正确书写，字迹工整；举办中秋诗词朗诵比赛，能正确把握古诗词的内容、节奏，表达准确、流畅，有感染力。6. 重阳节，做到尊敬长辈，养成热爱劳动的习惯；理解志愿者服务精神，乐于助人；有秩序地完成登高活动，感受登高远眺的舒畅胸怀。

学生在"怡乐节日"活动中，充分了解中华传统文化知识，感受传统文化的魅力，培养热爱传统文化、热爱祖国的高尚情操。

三、建设"怡趣社团"，落实兴趣爱好课程

为了促进学生全面发展，学校开展了"怡趣社团"，其优点是：丰富学生的生活，促进学生的全面发展，有助于学生综合素质的提高，有助于培养学生健康的心理，给学生以温馨的心灵空间。

为了保障"学生社团与兴趣类选修课程整合模式"的实施，根据社团的性质和活动类型进行调整分类，以便于分层管理（见表5-3）。

表5-3 合肥市颐和中学怡趣社团分类表

社团分类	社团名称
创新类	比特创客
	"X"社团（数学）
	"Mark"社团（理化生）
	信息竞赛
心理类	一米阳光（心理）
文化类	承智国学社
	和之韵杂家
	人与自然
	颐中军迷社
	颐响剧社（话剧）
	绿野仙踪（地理）
	Textbook drama（英语）
	English Club（英语）
艺术类	清漪悦刻版画社
	国画社
	皖荷黄梅戏
	小溪十字绣社
	花艺社
	和堂乐色（合唱）
体育类	"瞄"射击社团
	凝和篮球社
	绿茵小丫（足球）
	活力健美操社

学生在"怡趣社团"活动中，培养了动手能力，懂得了劳动的快乐和辛苦，养成了爱劳动的好习惯，既锻炼了技能，又陶冶了情操。

四、推进"怡美之旅"，落实研学旅行课程

"怡美之旅"旨在让学生在旅行中感受优美的自然风光，了解祖国悠久的历史文化，培养学生良好的科学素养、人文素养，拓展国际化视野，养成良

好的公民素养和社会责任意识；增强班级凝聚力，加强学生间的沟通和交流，培养学生团结互助、合作共赢的意识。通过研学旅行让学生在身体、心理、情操、品德等各方面得到发展。

学校开设了"怡美之旅"的研学课程，课程的实施分为三块。1. 户外之旅。主要以户外拓展训练为主，学生在研学基地开展活动，磨练意志、增强自信、完善人格，培养团队协作精神。2. 科技之旅。科技之旅旨在通过VR、AR、3D/4D等高科技手段的静态展示，让学生了解科技，参与科技体验，学会运用科技知识解决实际问题。3. 农业之旅。带领学生参观现代化农业示范基地、农业研究院、农业示范园等，了解农业生产的过程和相关技术要求，并能亲身体验农业劳动。

通过"怡美之旅"活动的开展，学生在在训练中磨练了意志，锻炼了能力；在认识自然、探讨自然中，培养了美好品质；在科技活动中认识了高科技，增强了创新意识。

五、打造"怡美少年"，落实修养提升课程

"怡美少年"内涵是根据学生身心发展特点及德育课程标准要求，通盘规划初中学段三个年级的德育教育内容，保证学生在初中阶段接受完整全面的德育，"学习三年，影响一生"。努力把学生培养成"身体健美，读书精美，习惯完美，品性淳美"的"怡美"少年，这是人文底蕴与科学精神兼备的现代少年形象。

总之，学校通过建设"怡美课堂"、创设"怡乐节日"、建设"怡趣社团"、推进"怡美之旅"、打造"怡美少年"等多种渠道，聚焦"怡美文化"，落实怡美教育课程的实施。

（撰稿者：许晓艳　郭正根）

第六章

灵活多元,创新课程评价

课程评价最基本的作用是导向、诊断和激励。创新课程评价,追寻好课标准,是构建框架的重要环节。在构建学校课程框架中要将课程评价作为关注点,对课程框架结构进行不断优化和改进。在评价过程中要注重学生成长发展,实施综合素质评价,加强质性评价,使其更适应小学生的学习特点。

"现代课程理论之父"泰勒说："评价是一个过程，是一种测定教育目标在课程与教学的方案中究竟被实现多少的过程。"泰勒认为，课程评价是课程框架中的后续环节，但我们在实际教学中发现，课程评价对课程框架的建构具有极其重要的反向作用。评价不仅是建构课程框架的重要关注点，更是主体课程实施的重要手段。在构建学校课程框架中将课程评价作为关注点，便于对课程框架结构进行不断优化和改进，使其更适应小学生的学习特点。因此，我们在建构学校课程框架过程中不能忽视课程评价环节，尤其应该注意以下几点。

首先，课程评价目的要更倾向于促进对象的发展提高，而非过去更看重的比较与选拔。课程评价结论不能仅聚焦于课程考试成绩，更应关注学生的全方位发展。学业成绩不是教育的全部，学业评价只是课程评价的一个方面。课程评价为学生的持续成长与进步服务，包括形成正确的情感、态度和价值观等，而不是为了区分先进后进、快慢班，恰当的评价能更好地激发学生活力，树立好的教育导向。

其次，课程评价要重视综合素质评价，承认个体差异。综合素质评价鼓励全方位发展，更加注重考察学生综合素质，承认并尊重学生不同个体之间呈现出的差异。课程评价者要能够尊重学生由于原生家庭、生活环境、个人经历等差别形成的独一个性，不进行"一刀切"式的评价。只有课程评价重视综合素质评价，承认个体差异的普遍存在，才能适应时代对人才多样化的需求。

最后，课程评价方法要定性与定量结合、自评和他评结合，即进行质性评价。过去的课程评价量化手段较为单一，多采取考试检测或问卷调查等方法，得出学生学业成绩各类影响因素的相关结论。然而随着新课程改革推进，课程评价逐渐关注到学生发展的个体差异，质性评价相对量性评价更受欢迎。质性评价主要通过参与观察、行动研究、档案袋等表现性方法评价行为，尊重现实、尊重学生，实现多元化。

概而论之，新课程改革下的课程评价是构建课程框架中的关键环节之一，它关系到框架构建的成败。学校要将办学理念落地于课程，用课程评价作为构建课程框架的核心要素，反向促进学校课程改革的持续推进。

（撰稿者：吕碧雯）

学校坐标 合肥市十里庙小学

课程模式 灵性树课程：让每一个孩子尽情释放天性

　　合肥市十里庙小学始建于1949年3月，现有长江路和樊洼路两个校区，24个普通教学班和1个培智班，校园占地面积近15000平方米。自办学以来，学校取得了良好的办学成绩和较高的社会声誉，先后获得中国珠心算教育教学实验校、中国校园篮球实验校、安徽省珠心算教育实验小学、安徽省首家"青少年国学教育创新实践基地"、合肥市百姓身边的好学校、合肥市素质教育示范校、合肥市特色学校、合肥市语言文字示范校、合肥市"体育、艺术2+1"示范校、合肥市数字化校园、合肥市校园篮球实验校等荣誉称号。

第一节

让每一个孩子尽情释放天性

孔子曰:"少成若天性,习惯如自然。"教育的真谛在于唤醒儿童天性中的真、善、美的情感,培养灵活的思维品质,塑造活泼灵动的性格特点,促进儿童灵动个性的成长,为成才奠基。

一、学校教育哲学

结合多年的办学经验与特色传承,我校提出的教育哲学是"灵动教育"。

"灵,善也。"(《广雅》)灵,意即善、美好。引申之又可指聪明、通晓事理,还有灵活、灵巧的意思。"动"指"活力",亦指"变化、发展、时时都在萌生新的东西"。《现代汉语词典》将"灵动"一词释为"活泼不呆板,富于变化"。可见,"灵动"一词可理解为"灵活、聪明、创新",是灵动教育的重要理念。

(一)"灵动教育"的提出

——基于学情的分析。我校地处蜀山区城中村中心地带,学生中家境相对较差的随迁子女为数不少。大部分家长为生活而奔波,家庭教育相对滞后。学校力图通过"灵动教育",让儿童的生命和个性差异被尊重,促进儿童成长为勤勉上进、灵性勃发的聪慧学子。

——基于课堂的实践。学校以新理念、新思想,打造舒展心灵、释放天性的灵动课堂。培养儿童自主学习能力、合作交流能力、主动探究能力和拓展运用能力。"灵动课堂"是对"灵动教育"最基本的诠释。

——基于对教育的理解。法国哲学家卢梭的"自然教育论"中提到,通过让儿童顺应天性、自然发展的方式，培养儿童全面、不受任何压制的个性。它基于儿童，真正以唤醒儿童灵动的生命意识为出发点，培养儿童灵活的思维特性，塑造儿童灵敏跃动的性格品质，孕育出充满灵性与活力的鲜活生命个体。

（二）"灵动教育"的内涵

"灵动教育"是唤醒教育。唤醒儿童天性中的真、善、美的情感，引导儿童通过体验，成为活泼灵动、明理增信的人。

"灵动教育"是激发教育。激发儿童学习的兴趣和浓厚的求知欲，引导儿童通过合作、探索、实践，开阔眼界、拓展心胸，充分体验学习知识的充实感和创新活动的快乐感。

"灵动教育"是点燃教育。点燃儿童生命的力量和激情，引导儿童在锻炼身体、亲近自然、感受艺术的过程中，发现并培养特长，体会成长的喜悦和生活的美好。

"灵动教育"是激励教育。激励儿童奋发向上，引导儿童循着自己的兴趣特长，从小树立远大志向，懂得通过脚踏实地的努力，持之以恒，一步步接近目标，从而实现自己的理想，成就自己，造福他人，报效社会。

"灵动教育"要求教师眼中有儿童，心中有机智，教中有能力，以高尚的情操、扎实的学识、探索的精神、创新的胆识和一颗宽宏的仁爱之心，滋养儿童心灵，丰富师生情感，促进教师与儿童共同成长。

基于上述分析，我们秉持如下教育信条：

我们坚信，

学校是涵养性灵的地方；

我们坚信，

每一个孩子都有独特的灵性；

我们坚信，

教育是激发灵性和绽放活力的过程；

我们坚信，

回归本真的课程是润物无声的心灵滋养；

我们坚信，

启迪心智、陶冶心灵是学校教育的神圣使命；

我们坚信，

让每一个孩子尽情释放天性是教育最绚烂的姿态。

二、学校课程理念

我校的课程理念是：让每一个孩子尽情释放天性。学校以尊重儿童的个性发展为立足点，以开发多元智能为目的，以激发灵性和释放活力为核心，因材施教，培养个性、发挥特长，促进儿童灵动的、多元的和个性的成长，为未来成才奠基。为此，我们认为：

——课程即天性的释放。"人之初，性本善"。每个孩子都有与生俱来的善良、好奇、淘气的天性；每一个孩子都是一块璞玉。灵动的课程会除去孩子个性的束缚，释放孩子的天性，让孩子尽情发挥自己的主动性，个性地成长。

——课程即个性的凸显。丰富多彩的课程，是激发灵性和绽放活力的过程。根据儿童的发展开设儿童需求的、可选的课程是对每一个生命的尊重。

——课程即生长的张力。学校的课程开发与实施既要顺应社会发展需要，更要符合儿童发展需要。课程在回归生活与超越生活之间保持必要的张力，需要通过活动实践、理解和表达等方式来实现，让老师有自主开发的空间，让儿童有自主选择的权利，让全体师生实现正确认识自我、接受自我、超越自我。

——课程即成长的养料。儿童的成长既需要丰富的物质养料，更需要丰厚的精神养料。学校开发儿童喜欢的课程，设计儿童喜爱的课程形式，从而给儿童的成长提供丰富的养料，滋养他们的心灵，释放他们的潜能，培养儿童快乐的情绪和享受人生的生活态度。

依据"灵动教育"这一教育哲学，我校构建了"灵性树课程"模式。通过精彩纷呈的课程活动，让儿童像嫩苗一样，舒枝展叶，快乐成长；让教师像和风细雨一样，滋润心田，助力成长；让学校像沃土一样，提供养分，孕育参天大树。

"灵性树课程"的开发，将我校"启迪心智，陶冶性灵"的办学理念落到实处，使儿童的天性得以尽情释放，潜能得到充分挖掘；使教师的专业素养得以在实践中快速提升，展示教育智慧，成就个人教学特色；使学校文化力得以充分释放，打造学校品牌，促进学校办学水平的整体提升。

第二节

给每个孩子一对灵动的翅膀

快乐自由是儿童积极参与学习课程的心理状态，它可以更好地激发儿童的求知欲。"灵性树课程"会让儿童把学习当作一件趣事，会让儿童插上一对灵动的翅膀，在课程体系里快乐地翱翔。

一、学校育人目标

学校在"灵性树课程"的实施过程中，让儿童尽情释放天性，努力培养"明礼、敏学、健美、励志"的现代小公民：

——**明礼**：讲文明、懂礼仪、孝亲长、知感恩、乐助人、能宽容。
——**敏学**：爱学习、敢质疑、勤思考、喜上进、勇探究、会创新。
——**健美**：勤锻炼、健身心、尚自然、怡性情、有情趣、会审美。
——**励志**：明志向、力笃行、勤劳动、磨性情、成自我、绽天性。

二、学校课程目标

为了实现学校的育人目标，我们将"灵性树课程"目标细化如下（见表6-1）。

表6-1 合肥市十里庙小学"灵性树课程"目标表

目标 \ 内容 \ 年段	低年级	中年级	高年级
明礼：讲文明 懂礼仪 孝亲长 知感恩 乐助人 能宽容	学会值日、知道上下楼梯靠右走，学会自己整理衣物；学会对父母和老师的付出表示感谢。学会原谅别人的过错，会说"没关系"；能积极帮助别人做力所能及的小事；听父母的话，学会与父母分享；能和同学和睦相处，不争吵；按时交作业，遵守各项纪律，借别人物品及时归还。	注重个人礼仪，主动与父母沟通交流，体谅父母的辛苦，主动做好自己的事情。学会对帮助自己的人表示感谢。理解他人的做法，互让、互谅、互敬。会动脑筋帮助别人解决困难。热爱学习，主动进行家务劳动。能积极和同学合作交流、参与各种活动。不说大话，承诺的事情就努力办好。	做文明的人，爱护低年级同学。课间文明活动。自觉遵守公共秩序，礼让他人。对祖国和社会给予的生活懂得感恩。学会换位思考，尊重他人。能主动帮助别人。遇到问题和矛盾耐心解释，能和父母商量解决。能在与他人的合作中合理分配任务，配合默契。待人真诚，说真话，实事求是。
敏学：爱学习 敢质疑 勤思考 喜上进 勇探究 会创新	热爱学习，基本养成听说读写的良好习惯。养成在日常生活中爱动脑筋、愿思考的习惯，遇到困难能主动问教师、问家长，能积极动手查资料、找答案。热爱生活，爱问"为什么"。善于观察事物，有丰富的想象力，有旺盛的求知欲和较强的动手能力。	热爱学习，形成浓厚的学习兴趣。敢于提出问题，能够对问题进行比较和评价，并会主动探究。能提出复杂的有一定深度的问题。学习积极主动，有自信，能独立思考，能清楚表达自己的感受和观点，思维能随机应变，举一反三，能提出新观点，有旺盛的求知欲。	保持浓厚的学习兴趣。能熟练地将所学运用于实践。学习多角度思考问题，尽可能多地寻找解决问题的方法。学习全面地看待社会生活中发生的事件，处理生活中发生的问题。独立思考，有与他人不一样的解决问题的方法。思维具有新颖性和独创性。
健美：勤锻炼 健身心 尚自然 怡性情 有情趣 会审美	积极参与体育活动；初步掌握简单的技术动作；通过跳绳、轮滑等形成正确的身体姿势；感受到体育活动给自己的生活带来的乐趣。会玩1~2项体育类游戏活动，形成积极进取、乐观开朗的性格。喜欢艺术活动，感受艺术活动给自己带来的愉悦情绪。喜欢唱歌、乐器演奏、舞蹈、画画等艺术活动。上课能大胆发言，积极参加各种活动。	有积极主动参与运动的兴趣和爱好，有坚持锻炼的习惯和健康的生活方式。能发扬体育精神，形成积极进取、乐观开朗的生活态度。能基本掌握1~2项运动技能。欣赏名家作品，感悟经典，有一定的欣赏美、鉴赏美的能力。能够发现并坚持兴趣爱好，从而培养自己高雅的生活情趣。能虚心接受别人的批评，坦然承认自己的错误。	能积极参加体育活动，形成健康的心理，性格开朗大方；形成灵敏、力量、耐力、协调等身体素质，掌握2~3项体育运动技能，并成为特长项目。激发创造精神，陶冶高尚的审美情操，完善人格。形成乐观的生活态度和健康的心理，能够赞赏、表扬并接受别人。

（续表）

目标\内容\年段	低年级	中年级	高年级
励志：明志向 力笃行 勤劳动 磨性情 成自我 绽天性	发现自己身边的人的优点，学会赞赏，学会通过实际行动追赶身边的好榜样，相信自己能行，从中获得成长进步的快乐。热爱班级，关心同学和家人。热爱劳动，认真学习并掌握简单的劳动技能，力所能及的事自己做。积极参加家务和集体劳动。	发现并培养自己的兴趣爱好，做到坚持不懈。敢于展示自己的特长，勇于接受挑战，勇于战胜困难，有发挥特长为集体和个人争夺荣誉和服务的意识。了解祖国的灿烂文化和优秀人物，热爱祖国，有民族自豪感。热爱劳动，在实践中不断提升劳动技能，掌握必要的劳动卫生和安全知识，在劳动中感受到快乐。	敢于畅想未来。能制定可行的小目标、小计划，养成脚踏实地的习惯。了解社会发展和时事动态，初步形成报效祖国、服务社会的高尚情怀。懂得劳动的意义和价值，热爱劳动，努力提高劳动技能，能积极克服在劳动中遇到的困难，养成不怕苦不怕累的意志品质，积极参加公益劳动，初步形成服务集体、服务社会的意识。

第三节

真情实感在灵动课堂里流露

为了落实学校课程的育人目标，我们创建了灵动课堂。灵动课堂内容丰富，形式多样。教师带着对儿童真诚的爱，走进课堂，让以爱育爱在灵动的课堂中流淌。

一、学校课程逻辑

我校按照国家课程管理要求，开足开齐所有课程，并开发了自成体系的学校课程，进一步践行学校的办学理念，落实学校的课程目标。

基于此，我们设计了我校的课程逻辑图（见图6-1）。

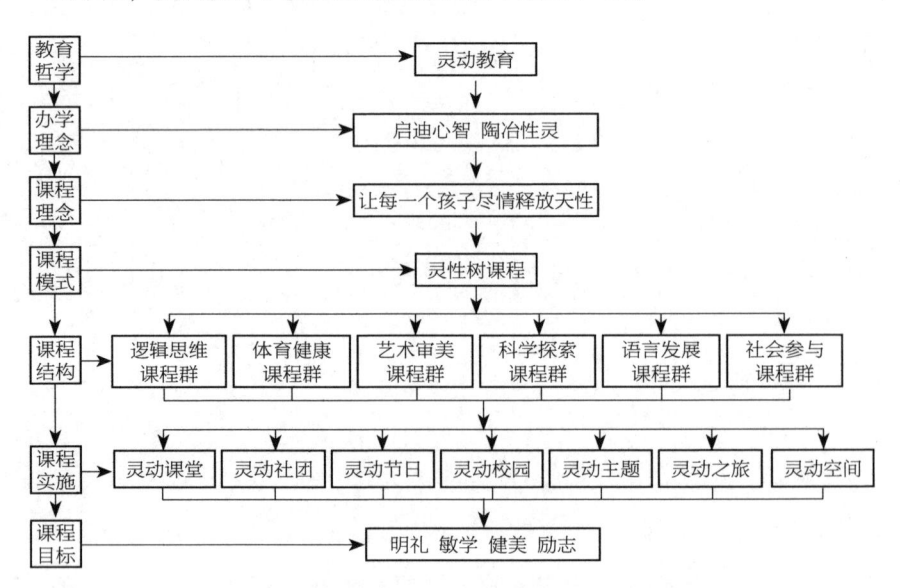

图6-1 合肥市十里庙小学"灵性树课程"逻辑图

二、学校课程结构

霍华德·加德纳博士指出,"人类的智能是多元化而非单一的,主要是由语言智能、数学逻辑智能、空间智能、身体运动智能、音乐智能、人际智能、自我认知智能、自然认知智能八项组成,每个人都拥有不同的智能优势组合。"每个学生都有一种或数种优势智能,只要教育得法,每个学生都能成为某方面的人才,都有可能获得某方面的专长。基于此,我校将促进儿童多元发展的课程体系称为"灵性树课程"。灵性树课程由六个课程体系构成,包括逻辑思维课程群、体育健康课程群、艺术审美课程群、科学探索课程群、语言发展课程群、社会参与课程群等(见图6-2)。

图6-2 合肥市十里庙小学"灵性树课程"结构图

三、学校课程设置

根据"灵性树课程"结构图,结合学校课程资源情况,我校对"灵性树课程"的内容体系进行系统构建(详见表6-2、表6-3、表6-4、表6-5、表6-6、表6-7)。

表6-2 合肥市十里庙小学"灵性树课程"之逻辑思维课程群设置表

年级	学习目标	学期	具体实施课程	参与范围
一年级	1. 了解算盘的由来，明确算盘各结构的名称，认识100以内的数，学习直加直减等相关知识。 2. 了解七巧板益智图的由来及组成，并初步认识各个图形名称，尝试不同的图形组合。 3. 通过游戏，获取游戏经验，初步培养动手操作能力。 4. 体验学习的快乐，感受传统的文化知识，激发学生的民族自豪感。 5. 利用算盘，掌握满五加破五减等相关知识。	上学期	1. 神奇珠心算 2. 我们的算术（七巧板、益智图） 3. 数学万花筒（整理小专家） 4. 游戏数学	全体与部分相结合
		下学期		
二年级	1. 了解华容道是一种智力游戏，了解其发展历史。 2. 利用算盘，学习进位加、去五进位加等相关知识。 3. 通过游戏，获取游戏经验，初步培养学生的动手操作能力。 4. 认识鲁班锁的构造，学习鲁班锁的拆分方法，感受鲁班锁的结构，利用阻门法。 5. 利用算盘，学习退位加、下五退位加等相关知识。	上学期	1. 神奇珠心算 2. 我们的算术（华容道、鲁班锁） 3. 数学万花筒（方位小专家） 4. 游戏数学	全体与部分相结合
		下学期		
三年级	1. 了解九连环和巧环的来历及种类。 2. 利用算盘，初步培养心算能力。 3. 在挑战性、开放性的游戏中，激发学生参与活动的热情，发现问题并探索解决问题的方法，增强自信心。 4. 在活动中，鼓励学生打破思维定式，从多角度多渠道去观察事物，探索出解决问题的新办法。 5. 了解魔方的来历，魔方的类型。	上学期	1. 神奇珠心算 2. 我们的算术（九连环、巧环） 3. 数学万花筒（统计小专家） 4. 游戏数学 5. 炫彩魔方	全体与部分相结合
		下学期		

逻辑思维课程群

（续表）

年级	学习目标	学期	具体实施课程	参与范围
四年级	1. 培养学生对数学学习的兴趣，提高观察、想象、分析和逻辑推理能力。 2. 在主动手操作中，增强学生的思维能力和空间想象能力。 3. 认识"数独"，掌握四宫格的初步解法。 4. 增强对数字的敏感度，感受数字的神奇魅力。	上学期	1. 神奇珠心算 2. 我们的算术（数学家及著作） 3. 数学万花筒（对称小专家） 4. 游戏数学 5. 炫彩魔方 6. 数独驿站（四宫格）	全体与部分相结合
		下学期		
五年级	1. 掌握"数独"六宫格的初步解法。 2. 将数学知识寓于游戏之中，将单调的数学学习过程变为艺术性的游戏活动。 3. 掌握思维导图的简单画法，培养学生观察、分析、推理能力。 4. 培养学生严谨思考问题的态度，培养学生创造性思考、解决问题的能力。	上学期	1. 神奇珠心算 2. 我们的算术（古代数学问题） 3. 数学万花筒（图形小专家） 4. 游戏数学 5. 玩转思维导图（初步认识） 6. 数独驿站（六宫格）	全体与部分相结合
		下学期		
六年级	1. 将课本内容制作成简单的思维导图。 2. 将总复习的内容制成思维导图，帮助我们梳理知识，形成知识网络图。 3. 通过活动，提升学生非智力水平。	上学期	1. 神奇珠心算 2. 我们的算术（数学推理故事） 3. 数学万花筒（比例小专家） 4. 游戏数学 5. 玩转思维导图（总复习） 6. 数独驿站（九宫格）	全体与部分相结合
		下学期		

逻辑思维课程群

表6-3 合肥市十里庙小学"灵性树课程"之体育健康课程群设置表

年级	学习目标	学期	具体实施课程	参与范围
体育健康课程群	在学习过程中，以培养对该项目课程的兴趣为重点并掌握一些基本技能技巧，认识并了解课程起源、发展、基本现状、器材、场地、参与人员、现状、学习定位颠球、直线运球等基本技术技能。 1. 足球：认识和了解足球的起源、发展、现状，学习不定位颠球、直线运球等基本技术技能。 2. 轮滑：认识和穿戴装备。了解速度轮滑的预启动、直线加速、弯道平衡、终点冲刺等常用技术。 3. 田径：了解田径的起源、发展、现状。了解起跑、加速跑、冲刺跑的相关技术。 4. 羽毛球：了解羽毛球的起源、发展、现状。学习羽毛球的一般基本手法和基本移动步法。了解握球拍、发球、接球的基础规范。 5. 乒乓球：了解乒乓球的起源、发展、现状。 6. 篮球：了解篮球的起源、发展、基本现状、器材、场地、参与人员、比赛礼仪。掌握拍球、运球、传接球的一些基本技能技巧。	上学期	1. 足球 2. 轮滑 3. 田径 4. 羽毛球 5. 乒乓球 6. 篮球	全体与部分相结合
一年级	掌握一些基本技能技巧，认识并了解和运用比赛礼仪。 1. 足球：学习定位颠球、近距离传球、迅速停球、加速、冲刺等常用技术。 2. 轮滑：熟悉和运用速度轮滑的启动、加速、弯道、冲刺跑的相关技术。 3. 田径：掌握起跑、加速跑、冲刺跑的相关技术技能。了解投掷和掷铅的基础动作技能。发展向前和向上的简单跳跃。 4. 羽毛球：掌握握球拍、发球与站位、接球与站位的基础规范基本步法。 5. 乒乓球：学习乒乓球的基本技能技巧和基本步法。掌握球拍、发球、接球的基础规范技术技能。 6. 篮球：掌握一般基本技能技巧，学习控球、运球、传接球、投篮等基本战术技能，激发学生想象力和创造力。	下学期	1. 足球 2. 轮滑 3. 田径 4. 羽毛球 5. 乒乓球 6. 篮球	全体与部分相结合
二年级		上学期		
		下学期		

(续表)

年级	学习目标	学期	具体实施课程	参与范围
三年级	在学与练的过程中，努力贯彻"更高、更快、更强"的奥林匹克精神，初步掌握一些基本技能技巧，基本掌握比赛的规则。 1. 足球：继续学习颠球、传球、停球、运球、射门、传球过人配合的基本技术和技能，掌握速度轮滑的启动、加速、弯道、冲刺等常用技术、力和创造力。 2. 轮滑：掌握轮滑的一些基本技术和技能，掌握速度轮滑的启动、加速、弯道、冲刺等常用技术，提升竞争意识。 3. 田径：运用起跑、加速、冲刺跑的相关技术和技能。 4. 羽毛球：掌握羽毛球的基本手型和基本移动步法，发展对跑、跳、投运动作技术技能。发展对跑、跳、投运高目标的兴趣，培养跳的一般基础动作技术技能。 5. 乒乓球：掌握乒乓球发高远球，反手发网前短球和基本步法，初步了解和学习搓球、发球、接球的基础规范技术技能。 6. 篮球：学习控球、传球、运球、投篮，传球过人配合的基本战术技能，激发学生想象力和创造力。	上学期	1. 足球 2. 轮滑 3. 田径 4. 羽毛球 5. 乒乓球 6. 篮球	全体与部分相结合
四年级	进一步掌握专项课程的一些基本技能技巧，加强体能和专项身体素质的训练。 1. 足球：加强足球专项体能的练习，继续学习自己颠球、无失误运球，快速停球、互相传球，准确射门，灵敏传球过人有同伴配合的基本技术技能。 2. 轮滑：加强轮滑专项身体素质训练，进一步掌握和提升轮滑的一些基本技术技术，渗透比赛技术。 3. 田径：加强田径专项身体素质训练，提高学生协调、力量、柔韧、速度、耐力五个方面的能力。 4. 羽毛球：加强羽毛球专项身体素质训练，特别是移动步脚协调能力，能够进一步掌握与运用羽毛球的基本手法和基本步法。 5. 乒乓球：加强乒乓球专项身体素质训练，掌握发球、接球的基础规范技术技能在实战中的运用。继续学习乒乓球的基本握拍和基本步法。 6. 篮球：加强篮球专项身体素质训练，特别是跳跃能力和身体协调能力，掌握篮球的基本战术技能，激发学生想象力和创造力。运球、投篮、传球过人配合的基本战术技能，激发学生想象力和创造力。	下学期	1. 足球 2. 轮滑 3. 田径 4. 羽毛球 5. 乒乓球 6. 篮球	全体与部分相结合

体育健康课程群

(续表)

年级	学习目标	学期	具体实施课程	参与范围
五年级	巩固掌握的一些基本技能技巧，熟知比赛的规则，了解并运用一般基本的比赛战术。 1. 足球：巩固颠球、传球、停球、运球、射门，掌握过人配合的基本技术技能，提高在比赛中运用技战术的能力。 2. 轮滑：掌握轮滑的一些基本技术和技能，掌握速度轮滑的启动、加速、弯道、冲刺等常用技术。 3. 田径：发展对跑、跳、投和掷的基础动作技巧，运用跳跃的一般基础动作技术技能。发展身体素质和运动能力。 4. 羽毛球：巩固基本羽毛球握拍、发球、接球的基础规范技术技能。 5. 乒乓球：运用握拍、发球、接球的基本技能技巧，初步学习挑球、搓球、扣球的动作、传球、投篮，继续掌握实战基本技术技巧，熟知球的基础规范技术技能，反手发球动作，反手发球动作礼仪。 6. 篮球：基本掌握运球、传球、投篮，继续掌握实战基本的战术技巧，了解一般基本篮球比赛技术。	上学期 下学期	1. 足球 2. 轮滑 3. 田径 4. 羽毛球 5. 乒乓球 6. 篮球	全体参与 部分相结合
六年级	在学习过程中，大部分人都能掌握一些基本技术技巧，熟知比赛规则并且能够运用比赛技能，掌握实战中基本的比赛战术。 1. 足球：大部分人能够掌握基本足球技能技巧，提高足球比赛临场能力，重视团队协作，发扬敢于对抗、拼抢的拼搏精神。 2. 轮滑：掌握轮滑的一些基本技术和技能，掌握速度轮滑的启动、加速、弯道、冲刺等常用技术，初步了解轮滑球运动。 3. 田径：了解田径相关知识、掌握起跑、加速、冲刺跑等田径的基础动作技术技能。 4. 羽毛球：大部分人掌握握拍、发球、接球、扣球的基础规范技术技能。能熟练完成正手发球或者反手发球，拥有至少两种以上发球动作。 5. 乒乓球：大部分同学掌握接球、发球、接球、杀球的技术动作。 6. 篮球：大部分同学能够掌握传接球、运球、投篮的基本技术技能，继续巩固学习网前短球的追击，扣杀球的技术，掌握并能运用两种以上篮球比赛战术，在比赛中能比较熟练运用篮球技术，掌握发扬伙伴合作，重点发展伙伴团结合作，勇于拼搏竞争的精神。	上学期 下学期	1. 足球 2. 轮滑 3. 田径 4. 羽毛球 5. 乒乓球 6. 篮球	全体参与 部分相结合

体育健康课程群

表6-4 合肥市十里庙小学"灵性树课程"之艺术审美课程群设置表

年级	学习目标	学期	具体课程名称	参与范围
艺术审美课程群 一年级	1. 能够聆听自然界和生活中的各种声音，学会模仿喜欢的声音。 2. 通过学习掌握基本舞蹈动作，感受音乐与舞蹈的融合。 3. 通过器乐教学培养学生的音乐节奏感。 4. 了解黄梅戏的起源与发展，通过欣赏，了解黄梅戏的唱腔特点和表演方式。 5. 通过简单的线条来表现景物的外形特点，逐步提高学生手眼动作的协调性与灵活性。 6. 运用折纸艺术来表达生活。	上学期	1. 叮当合唱（初阶） 2. 舞蹈（形体训练） 3. 多彩乐器（课堂打击乐） 4. 戏曲艺术（黄梅戏） 5. 儿童简笔画 6. 折纸	全体与部分相结合
		下学期	1. 叮当合唱（初阶） 2. 舞蹈（形体训练） 3. 多彩乐器（课堂打击乐） 4. 戏曲艺术（黄梅戏） 5. 儿童简笔画 6. 折纸	全体与部分相结合
二年级	1. 能够听辨歌唱中的童声、女声、男声的音色，感受音乐中的强弱、长短不同的声音。 2. 学生基本能够用正确的身姿、完整、快乐地表演舞蹈，强调学生在艺术氛围的熏陶中健康成长。 3. 通过器乐教学培养学生的音乐节奏感。 4. 初步掌握黄梅戏的唱、念、做等表现手段。 5. 通过简单的线条来表现景物的外形特点，培养学生的观察力、动手能力和欣赏能力。 6. 运用折纸艺术来表达生活，逐步提高学生动手创造的能力，培养学生的动手能力。	上学期	1. 叮当合唱（初阶） 2. 舞蹈（形体训练） 3. 多彩乐器（课堂打击乐） 4. 戏曲艺术（黄梅戏） 5. 儿童简笔画 6. 折纸	全体与部分相结合
		下学期	1. 叮当合唱（初阶） 2. 舞蹈（形体训练） 3. 多彩乐器（课堂打击乐） 4. 戏曲艺术（黄梅戏） 5. 儿童简笔画 6. 折纸	全体与部分相结合

（续表）

年级	学习目标	学期	具体课程名称	参与范围
三年级	1. 提高学生音准、节奏的准确度，体会声音的协调和均衡。 2. 通过训练能够使学生的肢体语言更加灵活，提高身体协调能力，对舞蹈动作有一定的模仿能力，熟悉黄梅戏唱腔的风格特点。 3. 学会观察物体的结构与几种物体的组合关系，认识色彩画等画面语言对事物的情感表达，通过绘画的内容能诉说自己的心情。 4. 通过观看、模仿，学习多种不同方式的绘画方式，培养创新意识和探究能力。	上学期	1. 叮当合唱（二声部） 2. 舞蹈（少儿舞蹈） 3. 多彩乐器（竖笛） 4. 戏曲艺术（黄梅戏） 5. 儿童画 6. 刮画	全体与部分相结合
		下学期	1. 叮当合唱（二声部） 2. 舞蹈（少儿舞蹈） 3. 多彩乐器（竖笛） 4. 戏曲艺术（黄梅戏） 5. 儿童画 6. 刮画	
四年级	1. 进一步提高学生音准、节奏的准确度，体会声音的协调和均衡。 2. 通过学习舞蹈能够掌握不同风格的舞蹈形式，并注意与同伴的默契配合，加强与同伴之间的合作意识。 3. 通过学习竖笛吹奏培养学生的乐理常识与基本节奏。 4. 通过观察物体的结构与几种物体的组合关系，认识色彩画等画面语言对事物的情感表达，通过绘画的内容能诉说自己的心情与对事物的看法。 5. 通过观察、欣赏和动手，了解多种不同形式的绘画方法。	上学期	1. 叮当合唱（二声部） 2. 舞蹈（少儿舞蹈） 3. 多彩乐器（竖笛） 4. 戏曲艺术（黄梅戏） 5. 儿童画 6. 刮画	全体与部分相结合
		下学期	1. 叮当合唱（二声部） 2. 舞蹈（少儿舞蹈） 3. 多彩乐器（竖笛） 4. 戏曲艺术（黄梅戏） 5. 儿童画 6. 刮画	

艺术审美课程群

（续表）

年级	学习目标	学期	具体课程名称	参与范围
五年级	1. 培养学生对音乐的感受与欣赏能力，乐于参与音乐表现与创造活动，加强对艺术的想象力和创造力。 2. 学习中国各民族、地区的民间舞蹈风格，锻炼学生的动作协调能力和乐谱的理解能力。 3. 掌握基本的乐理知识，提高学生对音高及乐谱的理解能力。 4. 鼓励学生学念、学做、学唱，锻炼学生的表现能力和创造力，激发学生热爱戏曲音乐的感情。 5. 运用形、色、肌理和空间等美术语言，掌握描绘和立体造型的方法。 6. 通过卷曲、弯曲、捏压而形成原始形态设计形象，提高学生的设计能力，动手制作能力和创造能力。	上学期	1. 叮当合唱（多声部） 2. 舞蹈（民族舞） 3. 多彩乐器（竖笛、管乐队） 4. 戏曲艺术（黄梅戏） 5. 少儿版画 6. 衍纸	全体与部分相结合
		下学期	1. 叮当合唱（多声部） 2. 舞蹈（民族舞） 3. 多彩乐器（竖笛、管乐队） 4. 戏曲艺术（黄梅戏） 5. 少儿版画 6. 衍纸	全体与部分相结合
六年级	1. 能够体验音乐情感的发展变化，在演唱歌曲的同时能够用独唱、齐唱、轮唱、合唱等多种形式来表现。 2. 学习中国各民族、地区的民间舞蹈风格，锻炼学生的动作协调能力和乐谱的理解能力。 3. 掌握基本的乐理知识，提高学生对音高及乐谱的理解能力。 4. 学习演唱黄梅戏选段，积极参与黄梅戏的表演，大胆尝试黄梅戏歌词的创作，通过多种表演提高学生对戏曲的喜爱。 5. 运用形、色、肌理和空间等美术语言，掌握描绘和立体造型的方法。 6. 通过运用超轻黏土来塑造各种简单、生动的动物形象，提高学生的设计能力，动手制作能力，创新能力和审美能力。	上学期	1. 叮当合唱（多声部） 2. 舞蹈（民族舞） 3. 多彩乐器（竖笛、管乐队） 4. 戏曲艺术（黄梅戏） 5. 少儿版画 6. 衍纸	全体与部分相结合
		下学期	1. 叮当合唱（多声部） 2. 舞蹈（民族舞） 3. 多彩乐器（竖笛、管乐队） 4. 戏曲艺术（黄梅戏） 5. 少儿版画 6. 衍纸	全体与部分相结合

艺术审美课程群

表6-5 合肥市十里庙小学"灵性树课程"之科学探索课程群设置表

年级	学习目标	学期	具体课程名称	参与范围
一年级	1. 认识身边的许多植物。 2. 学生在搓、捏、压、剪的过程中，认识形、色与肌理这一类美术语言，学习使用各种生活中常见的工具，能够掌握一些基本技能技巧。 3. 了解与自己身边的常见事物有关的浅显科学道理。 4. 培养科学探索的意识，使学生渐渐养成科学的行为习惯、生活习惯。	上学期	1. 自然探索：植物之家 2. 科幻画（初级） 3. 地方课程（手工） 4. 国家课程（语文、数学、美术等）	全体与部分相结合
		下学期	1. 自然探索：植物之家 2. 科幻画（初级） 3. 地方课程（手工） 4. 国家课程（语文、数学、美术等）	全体与部分相结合
二年级	1. 认识身边的各种动物，了解这些动物的生活习性，培养学生从小爱护小动物的意识。 2. 学生体验不同材料的效果，能通过看一看、画一画、做一做、说一说等方法，掌握一定的色彩基础。 3. 培养学生对学习美术、研究大自然保持浓厚兴趣。 4. 培养学生的丰富想象力、创造精神和探索精神。	上学期	1. 自然探索：动物乐园 2. 科幻画（中级） 3. 国家课程（语文、数学、美术等） 4. 地方课程（手工）	全体与部分相结合
		下学期	1. 自然探索：动物乐园 2. 科幻画（中级） 3. 国家课程（语文、数学、美术等） 4. 地方课程（手工）	全体与部分相结合
三年级	1. 学生继续体验，感受不同材料的效果。 2. 能通过各种方法，对美术、对大自然保持浓厚的兴趣。 3. 研究微生物，继续培养学生丰富的想象力和创造精神、探索精神。	上学期	1. 科幻画（高级） 2. 自然探索：微生物部落 3. 国家课程（语文、数学、美术等） 4. 地方课程（手工）	全体与部分相结合
		下学期	1. 科幻画（高级） 2. 自然探索：微生物部落 3. 国家课程（语文、数学、美术等） 4. 地方课程（手工）	全体与部分相结合

科学探索课程群

（续表）

年级	学习目标	学期	具体课程名称	参与范围
四年级	1. 了解火箭的历史、原理和构造，能够制作简单的水火箭。 2. 能够完成几种简单机器人的设计与组装和流程图的简单编程。 3. 学生能够运用所学的科学知识，设计并试着制造出更称心、更方便、更美观实用的物品。	上学期	1. 科学乐园：长征水火箭 2. 乐高机器人 3. 校园科技动手做 4. 国家课程（语文、数学、科学等） 5. 地方课程（综合）	全体与部分相结合
		下学期	1. 科学乐园：长征水火箭 2. 乐高机器人 3. 校园科技动手做 4. 国家课程（语文、数学、科学等） 5. 地方课程（综合）	
五年级	1. 了解歼-10战斗机的原理、构造和性能。 2. 能够根据掌握的科学原理，设计出符合要求的智能小车设计和实施方案。 3. 能够构思出多种设计方案，根据可行性和实用性，会选出最佳的结构方案。 4. 通过学习"电子板报"的制作，让学生能够熟练运用WORD的知识点。 5. 培养学生自主多渠道获取信息、处理信息的能力。	上学期	1. 科学乐园：歼-10战斗机 2. 乐高机器人 3. 校园科技动手做：智能小车 4. 国家课程（语文、数学、科学等） 5. 地方课程（综合） 6. 电子板报	全体与部分相结合
		下学期	1. 科学乐园：歼-10战斗机 2. 乐高机器人 3. 校园科技动手做：智能小车 4. 国家课程（语文、数学、科学等） 5. 地方课程（综合） 6. 电子板报	

科学探索课程群

（续表）

年级	学习目标	学期	具体课程名称	参与范围
六年级	1. 培养学生参加比赛课程学习的积极性。 2. 通过智能小车的制作，培养学生动手和分析能力，并撰写科技小论文。 3. 培养学生发现问题，解决问题以及逻辑推理的能力。 4. 能够根据采集的数据，进行筛选和计算，得到自己想要的数据，培养学生数据采集和分析的能力。 5. 通过学习"电子板报"的制作，让学生能够学会利用WORD进行复杂图文排版。	上学期	1. 科学乐园：微观大发现 2. 乐高机器人 3. 校园科技动手做：智能小车 4. 国家课程（语文、数学、科学等） 5. 地方课程（综合） 6. 电子板报	全体与部分相结合
		下学期	1. 科学乐园：微观大发现 2. 乐高机器人 3. 校园科技动手做：智能小车 4. 国家课程（语文、数学、科学等） 5. 地方课程（综合） 6. 电子板报	

科学探索课程群

表6-6 合肥市十里庙小学"灵性树课程"之语言发展课程群框架表

年级	学习目标	学期	具体课程	参与范围
一年级	1. 培养孩子阅读的兴趣，养成良好的阅读习惯。 2. 学说国家通用语言，养成讲国家通用语言的习惯。 3. 聆听别人讲话，了解讲话的大意。 4. 交谈时，敢于发表自己的意见，落落大方，注重礼仪。 5. 对周围事物有好奇心，善于提出为什么，并积极参与讨论。	上学期	1. 绘本阅读 2. 演讲与口才 3. 英语情境剧 4. 美文欣赏 5. 课本剧 6. 小快板	全体与部分相结合
		下学期	1. 绘本阅读 2. 演讲与口才 3. 英语情境剧 4. 美文欣赏 5. 课本剧 6. 小快板	
二年级	1. 尝试阅读简单的文本，对感兴趣的内容有自己独特的体验，并愿意与人分享。 2. 乐于诵读，获取情感体验，感受语言的优美。 3. 能简单讲述自己感兴趣的所见所闻。 4. 能读通读顺文本，并怀着兴趣体验到情感朗读文本。 5. 结合课程学习内容，引导学生主动观察大自然，感受大自然的美。 6. 积极参加实践活动，用自己喜欢的方式表达所见所闻，表达自己的想法和情感。	上学期	1. 绘本阅读 2. 演讲与口才 3. 英语情境剧 4. 美文欣赏 5. 课本剧 6. 小快板	全体与部分相结合
		下学期	1. 绘本阅读 2. 演讲与口才 3. 英语情境剧 4. 美文欣赏 5. 课本剧 6. 小快板	

（续表）

年级	学习目标	学期	具体课程	参与范围
三年级	1. 学会默读，能初步了解文本大意，体会文章表达的思想感情。 2. 归纳理解词语意思的方法，体会文中关键词句表达情意的作用。 3. 初步感受作品中生动的形象和优美的语言，关心作品中人物的命运和喜怒哀乐，乐于与人分享自己的阅读体验。 4. 能流利地使用国家通用语言与人交谈。 5. 聆听别人说话，并能正确转达。 6. 自己能根据在学习和生活中遇到的问题，搜集资料，自主学习。	上学期	1. 绘本阅读 2. 演讲与口才 3. 英语情境剧 4. 美文欣赏 5. 课本剧 6. 小快板	
		下学期	1. 绘本阅读 2. 演讲与口才 3. 英语情境剧 4. 美文欣赏 5. 课本剧 6. 小快板	全体与部分相结合
四年级	1. 明显提高阅读的速度，提取关键信息，拓宽知识面。 2. 主动诵读经典诗文，感受韵律，展开想象，体验情感。 3. 在语言实践中，学习点符号的使用方法。 4. 养成读书看报的习惯，学会整理读书笔记，乐于分享。 5. 能清楚明白地讲述见闻，尝试简单复述。 6. 能在实践中学习语言，学会合作。	上学期	1. 绘本阅读 2. 演讲与口才 3. 英语情境剧 4. 美文欣赏 5. 课本剧 6. 小快板	
		下学期	1. 绘本阅读 2. 演讲与口才 3. 英语情境剧 4. 美文欣赏 5. 课本剧 6. 小快板	全体与部分相结合

语言发展课程群

(续表)

年级	学习目标	学期	具体课程	参与范围
五年级	1. 阅读有一定的速度，能领会文章的表达效果。 2. 在阅读中领悟语文章的表达方法，尝试复述。 3. 主动参与讨论，尊重和理解对方，勇于发表自己的看法。 4. 能认真耐心地倾听别人说话，并能抓住要点，做出转述。 5. 能利用多种途径获取资料，提取信息，尝试写研究报告。 6. 学会阅读不同体裁的文本，感受作者表达的情感。	上学期	1. 绘本阅读 2. 演讲与口才 3. 英语情境剧 4. 美文欣赏 5. 课本剧 6. 小快板	全体与部分相结合
五年级		下学期	1. 绘本阅读 2. 演讲与口才 3. 英语情境剧 4. 美文欣赏 5. 课本剧 6. 小快板	
六年级	1. 在阅读和理解课文的过程中，体会标点符号的用法。 2. 有感情地诵读，体会经典美文所表达的内容和情感。 3. 学会运用各种复述，作简单的发言，注意文明用语。 4. 对一些热点话题，能辨别是非，表达自己的见解，树立正确的人生观、价值观。 5. 能写简单的校园活动和社会活动的计划和总结。	上学期	1. 绘本阅读 2. 演讲与口才 3. 英语情境剧 4. 美文欣赏 5. 课本剧 6. 小快板	全体与部分相结合
六年级		下学期	1. 绘本阅读 2. 演讲与口才 3. 英语情境剧 4. 美文欣赏 5. 课本剧 6. 小快板	

语言发展课程群

表6-7 合肥市十里庙小学"灵性树课程"之社会参与课程群设置表

年级	学习目标	学期	具体课程	参与范围
一年级	1. 以实践体验为基本途径，帮助学生建立正确的礼仪观念。 2. 培养学生良好的文明礼仪和行为习惯。 3. 让学生积极参与社会实践活动，提高社会实践活动能力。 4. 创设舒适的心理健康环境，注重学生心理健康教育，做好学生心理咨询工作。	上学期	1. 文明礼仪 2. 节日庆典 3. 假日小队 4. 研学旅行 5. 法制宣传 6. 心灵之约	全体与部分相结合
		下学期	1. 文明礼仪 2. 节日庆典 3. 假日小队 4. 研学旅行 5. 法制宣传 6. 心灵之约	
二年级	1. 提高个人素养，增进学生对中国传统节日、庆典和传统文化的了解。 2. 培养学生对祖国的赞美和热爱之情，激发学生传承传统文化。 3. 提高学生的认知能力，注重开发其心智潜能，矫正不良认知。 4. 通过常规训练以及特殊训练，学会对认知进行调控，从而达到正确的认知意识。	上学期	1. 文明礼仪 2. 节日庆典 3. 假日小队 4. 研学旅行 5. 法制宣传 6. 心灵之约	全体与部分相结合
		下学期	1. 文明礼仪 2. 节日庆典 3. 假日小队 4. 研学旅行 5. 法制宣传 6. 心灵之约	

社会参与课程群

（续表）

年级	学习目标	学期	具体课程	参与范围
三年级	1. 帮助小学生掌握课堂礼仪、服饰礼仪、尊师礼仪、就餐礼仪、称谓礼仪。 2. 学习中国传统庆典礼仪基本知识，摒弃陋习。 3. 让学生知晓节日的由来、历史和风俗特点，获得实践经验，具有丰富的情感体验，形成参与意识和较强的公民意识。 4. 发展社会参与能力，增强的公民意识。	上学期	1. 文明礼仪 2. 节日庆典 3. 假日小队 4. 研学旅行 5. 法制宣传 6. 心灵之约	全体与部分相结合
		下学期	1. 文明礼仪 2. 节日庆典 3. 假日小队 4. 研学旅行 5. 法制宣传 6. 心灵之约	
四年级	1. 帮助孩子们逐步养成良好的行为习惯。 2. 培养孩子们节日庆典实践活动感知能力。 3. 培养学生关爱家庭、孝亲敬友、关爱他人，奉献爱心。 4. 提高学生自律能力，拥有团结合作队伍，拥有社会责任感。 5. 增强团结协作意识，发扬团结互助精神。	上学期	1. 文明礼仪 2. 节日庆典 3. 假日小队 4. 研学旅行 5. 法制宣传 6. 心灵之约	全体与部分相结合
		下学期	1. 文明礼仪 2. 节日庆典 3. 假日小队 4. 研学旅行 5. 法制宣传 6. 心灵之约	

社会参与课程群

(续表)

年级	学习目标	学期	具体课程	参与范围
五年级	1. 关爱社会，帮助学生走向社会，融入社会，了解社会。 2. 让学生积累社会生活经验，遵守社会规范与公德。 3. 宣传法制故事，增强法制观念。 4. 让学生投入大自然的怀抱，感受文化的熏陶，激发学生的热爱之情。 5. 重视心理辅导室的建设，最大限度地发挥心理活动室的作用。	上学期	1. 文明礼仪 2. 节日庆典 3. 假日小队 4. 研学旅行 5. 法制宣传 6. 心灵之约	全体与部分相结合
		下学期	1. 文明礼仪 2. 节日庆典 3. 假日小队 4. 研学旅行 5. 法制宣传 6. 心灵之约	
六年级	1. 树立正确的道德观念，形成良好的校风。 2. 全面提高教育教学质量。 3. 利用心理健康主题班会课、心理辅导、主题故事、中队课向学生讲解心理健康方面的知识，健全学生的人格发展。 4. 提高青少年的普法意识，能够知法、懂法、守法，能够规范自身的行为，能够正确分辨是非，懂得拿起法律维护自身的合法权益。	上学期	1. 文明礼仪 2. 节日庆典 3. 假日小队 4. 研学旅行 5. 法制宣传 6. 心灵之约	全体与部分相结合
		下学期	1. 文明礼仪 2. 节日庆典 3. 假日小队 4. 研学旅行 5. 法制宣传 6. 心灵之约	全体与部分相结合

第四节

在灵性课程里相遇美好

"灵性树课程"有着丰富的课程内容和灵活多变的评价体系，着力于儿童的发展，聚焦于教师的专业成长，让儿童体验美好的相遇。

一、构建"灵动课堂"，推进学科基础课程的有效实施

"灵动课堂"是立德树人、求真务实的课堂，更是活泼、充满创造性和放飞梦想的课堂，是让孩子在上课的过程中展现高效、富有生命力的课堂。

（一）"灵动课堂"课程的实施

"灵动课堂"让人类的优秀文化唤醒并滋润儿童的心灵，获得智慧的启迪和生命的润泽；释放儿童的天性和个性，激发与调动儿童的潜能。遵循"有模式备课而不唯模式上课"的原则；遵循"一切教学以学生为出发点"这一本质要求。在"灵动课堂"的潜移默化下，儿童变得更加明礼、敏学、健美和励志。课堂教学真正成为展现学生活力、个性的舞台，达到师生教学相长的理想境界。

因此，"灵动课堂"的实施主要通过以下途径：1. 教师注重课堂教学的随机生成。课堂教学中师生思维的碰撞、情境的交融让儿童充满求知欲，在启发儿童的同时教学相长。2. 儿童在老师的启发引导下，在合作、交流中探究和解决问题，在交流探索中循序渐进由浅入深不断在新的领域突破自我，老师由单纯的知识传授者转化为儿童的引导者。3. 对全校师生进行"灵动课堂"的深度渗透，让"灵动课堂"的理念深入到儿童的学习、生活中，深入到教师的每一项教育教学活动中，打造学校的课程文化。

（二）"灵动课堂"课程的评价

根据国家制定的小学各学科课程标准，结合我校"灵性树课程"目标，制定了切合学校特点和儿童发展需求的"灵动课堂"实施纲要，形成一致的"灵动课堂"教学评价标准（见表6-8）。

表6-8 合肥市十里庙小学"灵动课堂"教学评价标准表

指标	教师	学生
教学目标	1. 目标明确具体、多元化。 2. 突出能力目标，有创新意识。 3. 体现分层次教学思想。	1. 目标符合要求。 2. 增强兴趣，多数儿童能接受。 3. 多方面学习需求得到满足。
教学内容	1. 内容正确，容量适中，由浅入深。 2. 创造性地处理运用教材，引入的教学辅助材料恰到好处。	1. 较容易掌握知识技能。 2. 学习有重点、难点。
教学策略	1. 组织严密，形式多样，活而不乱。 2. 能充分利用学生的生活经验和知识储备。 3. 面向全体，提供丰富的教学资源，不断提升自己的专业素养。	1. 有强烈的知识探究欲望。 2. 知识内化明显，掌握解决问题的技能和思考问题的方法。 3. 让不同基点的学生得到不同程度上的发展，寓教于乐，每个人都能获得成就感。
课堂表现	1. 应变能力较强，敢于探索创新。 2. 肢体语言表达准确，语言幽默精炼具有亲和力。 3. 具有较强较广的知识面，课堂规范、科学，驾驭课堂能力强，善于捕捉、利用课堂生成。	1. 发言积极，充满好奇心。 2. 认真倾听发言，并学会思考。 3. 有自己独特的想法或做法。
教学效果	1. 时间利用率高，完成教学任务。 2. 课堂教学探究气氛浓，思维亮。	1. 有成功的快乐体验。 2. 掌握知识、方法，发展能力，提高学习兴趣。
总体评价		

二、创设"灵动社团"，落实兴趣爱好课程

"灵动社团"课程将学校里具有共同特征和爱好的儿童组织在一起形成社团，以儿童兴趣爱好为出发点，努力营造和谐向上、灵动多样的社团文化氛围。让儿童通过丰富多彩的活动感受美、懂得美、践行美，张扬个性，发挥特长。用创新的思维方式，富于变化的教学手段，让儿童在社团生活中灵动地成长。

（一）"灵动社团"课程的实施

"灵动社团"在学校校园文化建设中是非常重要的形式，更是儿童进行学习活动的一种有效形式。我校主要从以下几方面实施"灵动社团"活动：

1. 开展丰富多彩的社团活动。每周都有专业教师给社团的儿童上课。学校开设舞蹈、科幻画、国学经典、十字绣、硬笔书法、篮球、足球、乒乓球、电脑作品制作等多个社团活动，定期开展展示活动，激发儿童的兴趣，促进他们德、智、体全面发展。

2. 激发儿童参与兴趣。"灵动社团"活动以促进儿童的创造性思维为目的，儿童通过参与社团活动的过程来享受活动的乐趣，从而实现"激发儿童兴趣需求"与"发展个性"的和谐统一。

3. 合理规划社团活动内容和时间。"灵动社团"有着固定的活动场所和时间。儿童不限年级和班级，可以自主报名和自由选择学习内容。活动时长为40分钟，时间安排科学合理，符合儿童的身心发展规律，儿童能高效主动地参与到"灵动社团"的各种活动中去，并得到个性的发展。

4. 积极搭建"灵动社团"展示平台。"灵动社团"是校园文化的重要组成部分，是孩子成才的展示舞台。学校为了保证"灵动社团"活动的有效性，提供了一个自我展示的平台，让儿童认识到自己的潜在价值进而明确人生目标。学校利用艺术节及大型展示活动等，举办"灵动社团"儿童才艺展示，并邀请家长、领导、热心人士和社交媒体等进行观礼。

（二）"灵动社团"课程的评价

"灵动社团"具有多元评价体系和多向评价标准，增强了评价主体间的互动，建立家、校、生共同参与的评价制度。

1. 反思式的学生自评。学生在不断的反思中认识自我，能促进学生更深入地发展，并结合自我反思，总结不足之处，及时纠正。

2. 综合性的教师评价。在学生评价的基础上教师贯穿全程形成过程性评价。

3. 鼓励性的家长评价。家长关注学生的一言一行以及身心的健康成长。采用问卷调查、家校联系卡、电话等方式与家长实时联系沟通。基于此，我校制定了合肥市十里庙小学"灵动社团"活动评价表（见表6-9）。

表6-9　合肥市十里庙小学"灵动社团"活动评价表

评价主体	评价内容	评价标准	评价结果（★级评价，1～3★）	
学生自评	实践能力	1. 课前搜集课程相关文字资料、图片等。	1. 参与搜集。★ 2. 积极主动搜集。★★ 3. 积极主动搜集并能向大家介绍搜集的资料。★★★	
		2. 对课程的兴趣，动手参与程度。	1. 有兴趣，动手参与。★ 2. 很有兴趣，主动参与。★★ 3. 兴趣浓厚，积极参与。★★★	
		3. 参与交流、合作。	1. 能够参与。★ 2. 主动参与并完成任务。★★ 3. 积极参与，主动与人交流、合作。★★★	
		4. 掌握课程中所学的基本知识与技能。	1. 基本掌握。★ 2. 掌握较熟练。★★ 3. 熟练掌握并会运用。★★★	
教师评价	合作交流	1. 帮助同学。	1. 有帮助同学的意识。★ 2. 能够帮助同学。★★ 3. 积极主动帮助同学。★★★	
		2. 倾听同学的意见。	1. 能倾听同学意见。★ 2. 倾听同学意见并分享自己的体会和感受。★★ 3. 倾听同学的意见，并能受到启发，表达自己的见解。★★★	
		3. 与人合作、团结同学的意识。	1. 有与人合作、团结同学的意识。★ 2. 主动参与合作，能够团结同学。★★ 3. 积极参与合作，主动团结同学。★★★	
	情感态度	1. 参与活动及表现。	1. 能够参与活动，完成学习任务。★ 2. 主动参与活动，表现较积极。★★ 3. 参与活动有热情，表现积极主动。★★★	
		2. 提出活动的设想、建议。	1. 有活动的设想、建议。★ 2. 主动提出活动的设想、建议。★★ 3. 主动提出活动的设想和建议，有自己的想法。★★★	
		3. 克服困难和挫折的能力。	1. 有克服困难和挫折的意识。★ 2. 能主动克服困难和挫折。★★ 3. 积极主动克服困难和挫折。★★★	

（续表）

评价主体	评价内容	评价标准	评价结果（★级评价，1～3★）	
学生自评或互评、教师评价	成果展示	1.活动过程记录。	1. 参与活动。★ 2. 主动参与活动。★★ 3. 参与活动积极活跃。★★★	
		2.作品展示呈现。	1. 完成作品。★ 2. 完成良好。★★ 3. 完成优秀。★★★	
		3.成果创意。	1. 有创新意识。★ 2. 创新意识良好。★★ 3. 创意新颖、独具特色。★★★	
家长评价	在家庭中表现	1.完成课前准备任务。	1. 参与准备。★ 2. 积极准备。★★ 3. 积极参与，准备充分。★★★	
		2.向父母展示并介绍自己的学习成果。	1. 能够展示并介绍自己的学习成果。★ 2. 主动展示并较为完整的介绍自己的学习成果。★★ 3. 积极展示并完整介绍自己的学习成果，抒发自己的见解或体会。★★★	
		3.利用课余时间学习和补充感兴趣的学习内容并向家长分享自己的感受。	1. 能够参与。★ 2. 积极参与。★★ 3. 积极主动，表现出色。★★★	

三、做活"灵动节日"，落实节庆文化课程

"灵动节日"活动课程，旨在让儿童在体验教育和实践活动中，感受中国传统节日的魅力，体会现代文化、科技给生活带来的便利和多彩，提高儿童文化素养，促进儿童全面发展。"灵动节日"形式多样、主题突出、寓教于乐。

（一）"灵动节日"课程的实施

"灵动节日"形式多样，内容丰富多彩。主要包括中国传统节日、校园文化庆典活动以及近现代人们日常生活当中约定俗成的节日。具体分为以下四大类：1. 校内节日：开学典礼、毕业典礼、校园文化艺术节等；2. 传统节日：清明节、端午节、重阳节、春节等；3. 近现代节日：劳动节、国庆节、教师节等；4. 特定节日：消防、普法、环保节日等。

我校"灵动节日"课程主要通过以下途径实施：1. 利用节日开展丰富的活

动,同时,根据学段的不同开展适宜的活动,例如:利用清明节、端午节等传统节日,开展经典诵读、美食创客等活动弘扬传统文化;利用建队节、国庆节等现代节日,开展爱国主义研学活动、演讲比赛等活动培养儿童爱国情感。2. 利用学校特色节日开展相关活动,发现和培养每个儿童的特长,增强他们合作和竞争意识。培养儿童热爱集体、热爱校园的情感,如校园文化艺术节系列活动。3. 通过网络开展"灵动节日"课程,参与学校文明网以及相关网站的网上活动,利用博客、空间、论坛等互动阵地进行相关节日文化和精神文明的传播和教育。

(二)"灵动节日"课程的评价

"灵动节日"课程通过演讲、作文、手抄报、绘画竞赛评比、板报、橱窗、网上展示等方式呈现。"灵动节日"采用多途径评价:1. 课程学生参与人数、组织纪律情况。2. 课程内容形式多样性和新颖性以及创造性。3. 课程成效、学生自我能力提高和社会认同感等。同时评价结果计入学生成绩册。因此,我们制定了合肥市十里庙小学"灵动节日"课程综合评价表(见表6-10)。

表6-10 合肥市十里庙小学"灵动节日"课程综合评价表

评价项目		评 价 标 准	评价结果			
			A	B	C	D
课程内容	学生参与率	各班参与学生达到90%以上				
	组织有序	队伍是否整齐安静不混乱				
	安全守纪	旅途、景点能否安全文明遵守纪律				
	爱护公物	保护公共设施、保持景区整洁				
	内容形式	内容是否丰富、新颖、有创造性				
课程成效	自我能力提高	实践能力是否增强、审美能力是否提高、合作能力是否加大、思想教育是否加深				
	社会认同感	活动形式成效是否得到人们的公认和赞誉				

四、设计"灵动校园",落实校园文化课程

"灵动校园"课程以校园文化建设为载体,构建主题鲜明集中、材料典型生动、形式灵活多样、内容丰富多彩、评价方式多元的课程体系,拓宽儿童学习领域,丰富儿童的认知和情感体验,促进儿童全面发展。

(一)"灵动校园"课程的实施

校园文化课程建设不仅是"第二课堂"建设和丰富多彩的校园文化活动

建设，更是独特传统精神的积淀、传承与弘扬。为使"灵动校园"设计出特色、出成效，我们从以下几方面开展工作：

1. 建设校园文化，打造"灵动校园"

校园文化建设是一项系统性工程，也是学校的潜在性课程，对儿童的健康成长有着深远的影响。学校重点从以下三方面着手：一是打造美丽班级，在教室内悬挂名人名言，并进行富有创意的设计与布置，让个性化的班级文化成为育人的载体；二是通过校园内宣传橱窗、板报、壁画及墙壁标语等对儿童进行潜移默化的熏陶；三是继续办好红领巾广播站，让校园充满朝气与活力。力争通过以上一系列的校园文化构建，优化育人环境，提高育人成效。

2. 实施校本课程，丰富课程文化

一是利用每周五下午第二节课全校统一开设舞蹈、科幻画、国学经典、十字绣、硬笔书法、篮球、足球、乒乓球和电脑作品制作等多个拓展课程。学校根据教师的专业特长安排授课，儿童可以跨年级、跨班级自主选择学习内容。

二是结合地方课程，突出自我技能学习教育，如：安全教育、法制教育、文明礼仪教育、国学教育等，分解到各个年级段实施落实。

3. 开展多彩活动，孕育灵动儿童

组织儿童参加读书节、经典诵读活动，开展读书征文比赛、诵读比赛等；开展艺术特色活动，让儿童的个性得到自由生长。根据儿童的兴趣爱好和特长成立多个兴趣小组和社团，如校合唱团、舞蹈社、科创社等，在教师的指导和引领下开展活动。

4. 践行阳光体育，促进身心健康

加强阳光体育运动的开展，组织师生定期进行体育锻炼。建立健全学校体育教育工作机制。努力做到：开齐开足体育课；大课间活动有组织、有计划；做好"三操"（眼保健操、广播操、学校自编的算盘操）。

5. 开展"争星创优"，塑造健康人格

开展"星级美德少年"评选活动，鼓励和表彰各项活动中的优秀儿童，将星级少年标准分为助人为乐之星、诚实守信之星、文明礼仪之星、勤俭节约之星、好学上进之星等几个方面，制定每颗星的达标要求，由少先队大队部进行宣传，让儿童明确目标，努力争当星级少年。各班级通过召开主题班会，由"星级少年"候选人本人自荐，班级进行推荐，最后学校进行年度表彰。

6. 开展主题教育，悦动校园氛围

（1）国旗下讲话，对儿童进行主题教育。

（2）校园广播站宣传交通、文明、安全等内容，积极推动儿童文明素养的形成，培养小主持人。

（3）"主题班队会"观摩。

（4）节庆日专题活动。如清明节，让儿童了解革命先烈的丰功伟绩；"六一"儿童节，展示孩子们多彩的童年；重阳节，教育儿童常怀感恩敬老之心；国庆节，带领儿童回顾祖国光辉历程，表达对祖国的美好祝愿等。

校园文化是"灵动校园"课程的悦动音符，通过构建校园文化、开设校本课程、开展多彩活动、践行阳光体育、开展"争星创优"和主题教育，让儿童的个性得以张扬、课堂的活力得以激发、校园的生机得以悦动、学校的文化得以弘扬。

（二）"灵动校园"课程的评价

"灵动校园"课程综合反映出了学校的文化建设水准和主要特点。我们从环境布置、课程开发、活动开展等六个方面，制定了合肥市十里庙小学"灵动校园"的评价标准（见表6-11）。

表6-11　合肥市十里庙小学"灵动校园"评价标准表

评价指标	具 体 标 准	总体评价 （★级制，最优5★）
构建校园文化 打造灵动校园	以美丽班级、美丽校园为抓手，优化校园育人环境，提高育人成效。	
实施校本课程 丰富课程文化	让学生根据兴趣爱好和特长自主选择课程，培养个性少年。	
开展多彩活动 孕育灵动学生	为学生提供多样化的校园活动，培养"多能一专"的学生。	
践行阳光体育 促进身心健康	重视学生阳光体育运动的开展，开齐开足体育课，做好"三操"（眼保健操、广播操、算盘操），大课间体育活动安排合理、有效等。	
开展争星创优 塑造健康人格	以德育为首，加强社会主义核心价值观教育，开展"争星创优"，塑造健康人格。	
开展主题教育 悦动校园氛围	积极组织开展主题教育，如传统节日、校园文化庆典活动以及日常生活衍生出来的节日、特定节日等。	

五、推行"灵动之旅"，落实研学旅行课程

"灵动之旅"是在学校"灵动教育"课程的规范下，以育人为本、德育为先、立德树人为宗旨，组织学生走出校门参加各类参观、实践活动。通过开展"灵动之旅"课程，使儿童感受不同的自然和人文环境，提升生活实践能力，陶冶情操，增长见识，丰富知识，滋润儿童心灵，放飞儿童天性。

（一）"灵动之旅"课程的实施

"灵动之旅"的内容包括：1. 认清社会现状。清楚了解当下社会中的现实状况，例如交通安全情况、卫生健康状况、饮食起居、生态环境、爱护动物、保护环境、人口变化、就医、孩子入学、就业压力等情况。2. 探索学科知识。包括语文、数学、英语、科学、音乐、美术、体育以及特殊教育等多学科交叉知识的探索，发现问题、研究问题、解决问题。3. 了解科学技术的应用。学习和探究科学技术在我们的生活、生产和科学领域的应用，如生态环境、节能环保、新能源开发利用、纳米技术、灾害预报等。4. 感受文化熏陶。学校根据当下的时政新闻，开展各种各样主题的研学游活动，例如清明假期前儿童徒步大蜀山，去烈士陵园致敬缅怀革命先烈、扎根红色基地学习红色文化；组织参观博物馆、科技馆、文化馆等研学活动。5. 学习国防科技知识。学习国防科技知识，增强国防观念，提高军事认识，接受有组织有纪律的教育。6. 探寻自然之美。加强对祖国秀丽山川的领略，提高儿童对自然的美好感悟，以及生活幸福感，形成健康的审美情趣。

"灵动之旅"课程的实施，结合学校不同年段，进行不同层级的主题研学游活动，主要包括以下三个方面：

1. 合肥市内不同主题研学游，激发儿童对于身边新鲜事物的探索精神

开展合肥市内各个主题研学游活动，培养儿童正确的人生观，激发探索大自然奥秘的兴趣。研学地点为博物馆、海洋馆、科技馆和三国遗址公园等。每学期开展一次主题研学活动。通过主题教育与自由感悟相结合的形式，让儿童了解身边的自然和人文世界，从而产生对家乡的热爱之情。

2. 安徽省内及周边不同主题研学游，培养儿童文化价值观，开阔眼界

通过游览祖国大好河山、缅怀革命先烈、走进省内各大博物馆等，感受祖国的壮阔，感悟中华文明文化的精髓，了解改革开放的伟大业绩等。

3. 省外国外不同主题研学游，培养儿童正确的世界观和价值观，了解世界文化的多样性

省外国外的文明研学之旅安排在儿童放假期间，如法定节假日、寒假、暑假。研学路线多选择在新加坡等周边国家，儿童们可以通过中国以及国外的文明研学之旅开拓眼界，了解世界文化。

（二）"灵动之旅"课程的评价

读万卷书，行万里路。"灵动之旅"课程是一种创新的教育方式，是儿童成长的新型途径。"灵动之旅"评价主要从以下方面进行：

1. 总体评价

灵动之旅总体评价标准主要从研学旅行的特点，即有意组织、集体活动、亲身体验这三个方面制定灵动之旅活动课程的总体评价内容，体现灵动之旅的育人导向，目标明确，内涵丰富。基于此，我们制定了合肥市十里庙小学"灵动之旅"课程总体评价表（见表6-12）。

表6-12 合肥市十里庙小学"灵动之旅"课程总体评价表

评价项目	评 价 要 点	评价等级			
		A	B	C	D
学校方案	1. 将灵动之旅纳入学校教育教学计划之中，与学校课程有机融合。				
	2. 用心设计灵动之旅活动课程详细方案，做到目标明确、内容正确。				
教师备课	1. 有依附灵动之旅教学设计的二次备课，要有个人特色。				
	2. 有能体现出对灵动之旅活动指导的文本材料。				
过程管理	1. 食宿、交通、学习管理统一。培养学生自立自强、互帮互助、勤俭节约、吃苦耐劳等优秀品质。				
	2. 安全第一，活动前做好安全宣传，活动中做好安全保障，遇到不可抗因素，处理好安全善后工作。				
学生过程性文本材料	1. 学生研学旅行活动方案、研学活动任务单、研学地点、致家长的一封信等。				
	2. 分小组合作或个人独立完成研学活动任务单，可通过文字或画图方式做好研学记录。				
成果材料	1. 新闻、照片、视频、日记等形式。整体美观、数量足，材料数量达到班级学生的90%以上。				
	2. 心得体会。文本数量达到班级学生的90%以上。				

2.学生成果评价

学生成果评价伴随课程实施的全过程,"灵动之旅"课程包括感觉、知觉、触觉以及各种情感体验,不仅关注每一个儿童在过程中的状态,同时关注各项任务的完成情况,有针对性地进行评价。引导儿童从视觉、听觉、触觉、味觉、嗅觉等方面提炼感悟,通过绘画、写作、唱歌、跳舞等形式进行表达,呈现不同的学习成果。教师对成果进行评价与反馈,帮助儿童进行作品调整。基于此我们制定了合肥市十里庙小学"灵动之旅"作品评议表(见表6-13)。

表6-13 合肥市十里庙小学"灵动之旅"作品评议表

评议类型		评议标准	评议等级			
			A	B	C	D
作品呈现	原作—独特思想	学生自己创新制作				
	书写认真	按具体要求书写				
	作品种类	呈现形式创新、新颖				
	活动主题	主题是否具有代表性				
	具体内容	包含内容是否丰富				
作品交流	作品介绍	作品介绍是否简洁明了				
	作品表达	作品表达形式是否突出				
	作品内涵	作品内涵是否深刻				
作品评价	自我评价	自我评价成果				
	小组合作评价	合作评价成果				

六、聚焦"灵动主题",落实专题教育课程

"灵动主题"课程以"灵性、创新、智慧、灵气"为关键词,触动人的心灵,润泽人的生命,发展灵动生命,开启智慧人生。既教书又育人,正确处理传授知识与德育为先的双边关系,始终彰显生命关怀。由此可见,"灵动主题"课程是富有人性的育人教育。

(一)"灵动主题"课程的实施

学校创设的"灵动主题"课程,形式别具一格,内容丰富多彩,为培养"明礼、敏学、健美、励志"的现代小公民提供了优质的资源,搭建了理想的平台。孩子们在"灵动主题"课程中,完善自我、提升自我、释放天性、弘

扬真、善、美。学校作为"灵动主题"课程的实践主体，从以下几个方面进行"灵动主题"实践：

1. 开展爱国主义主题活动

爱国主义教育是"灵动主题"课程的重中之重。根据儿童的学习生活、思想动态、学校的中心任务和实际等方面选择班会主题，根据时令节气举行实践活动，如庆国庆、唱红歌等。同学们从活动中感受到祖国母亲的伟大，展示了自我，更加激发他们的爱国之情，有助于熏陶同学们的爱国热情和民族自豪。

2. 开展文明礼仪教育

文明礼仪教育是健全人格的重要之举。培养文明礼仪行为习惯是学校德育的重要功课。学校尤其重视儿童日常行为规范，以早上上学、课间活动、下午放学等小事为抓手，积极开展文明礼仪规范周活动，打造十小学子的美好形象。学校通过"灵动主题"课程的实施，实行常规督查和专项督查相结合的方式，强化儿童行为习惯的养成，让儿童在红领巾佩戴、仪表、两操、纪律、路队、卫生等方面养成良好习惯，达到学校课程目标。

3. 打造育人环境

古有孟母三迁，生活环境的对儿童成长有着重要的影响。学校通过"灵动主题"课程实施，加强校园文化建设。如在校园醒目位置竖立"三风一训"（校风、教风、学风和校训）牌，张贴名人格言等。学校积极开展各类班级文化创建活动，如"美丽班级我创建"评比活动，打造个性化班级，真正实现环境育人。

4. 家校联袂育幼苗

学校结合"灵动主题"课程，定期开展多种形式的家校活动。每学期开展家长开放日和家访活动，每月家长学校开课，进行家庭教育指导，同时开展线上家庭教育名师讲座，引导家庭成员形成正确的教育理念，提高教育能力，家校联袂育幼苗。

（二）"灵动主题"课程的评价

"灵动主题"课程的评价贯穿整个教育活动。根据学校课程目标，对"灵动主题"课程的教学活动及其成果进行评价。基于此，我们制定了合肥市十里庙小学"灵动主题"课程评价标准表（见表6-14）。

表6-14　合肥市十里庙小学"灵动主题"课程评价标准表

年级	争获章目	争章目标	达 章 要 求
一年级	星星火炬章	知队史争入队	1. 积极了解少先队队名，会唱队歌，了解队旗，学念入队誓词和呼号，学敬队礼，学戴红领巾。 2. 学习一位英雄榜样，做一件好事，写入队申请书。
	乐学章	勤动脑爱学习	1. 有规范的课堂礼仪（课前、课中、课后）。 2. 保质保量完成课后习题。 3. 读一本课外书。
二年级	勤劳章	爱劳动勤动手	1. 懂得劳动人民最光荣，爱惜劳动成果。 2. 在学校学会大扫除。 3. 在家学会做清洗小衣物、倒垃圾、扫地、晒鞋等力所能及的家务活。
	友爱章	会爱人乐奉献	1. 有大爱之心，爱身边的一草一木，一砖一瓦，一事一物。 2. 处处为他人着想，乐于助人。 3. 在实践中有爱心行动，并获得他人认可。
三年级	图书章	乐阅读勤思考	1. 每天课间去图书角借阅图书，每天中午阅读半小时。 2. 每月认真阅读两本少儿书籍，能交流自己的收获。 3. 读书姿势正确，有好词好句收录本。
	安全章	学知识保安全	1. 懂得并自觉遵守基本交通规则。 2. 遵守学校纪律，课间不追逐、不吵闹，开展有意义的课间活动。 3. 学习烫伤、触电、中毒等知识与急救措施。
四年级	敬老章	明礼仪孝当先	1. 懂得孝敬父母、长辈的基本礼节和礼貌用语。 2. 清楚家长的生日和爱好，并学会赠送小礼物。 3. 会与家人沟通、理解父母；会主动承担家务。
	班集体章	有组织爱集体	1. 有一个为班集体服务的小岗位，并乐意为同学们服务。 2. 有极强的班集体荣誉感，学会统筹兼顾。 3. 在班级学会与人分享为他人服务的快乐。
五年级	渊博章	喜阅读览群书	1. 能合理利用课余时间阅读课外书。 2. 能从课外书中找到学习的愉悦感。 3. 能运用课外知识解决现实中的难题。 4. 虚心求教，喜欢探索新事物。
	环保章	懂环保环境好	1. 学习环保知识，懂得环保的重大意义。 2. 展示班级同学积极参与环境保护的成果。 3. 为学校或班级设计环保用语。
六年级	美德章	讲团队互友爱	1. 倡导班级快乐交往、快乐服务的生活方式，传播正能量，学会包容不愉快的事情。 2. 在中队为自己争取一个小岗位，能热心负责地为伙伴服务。 3. 在班级集体活动中，共同努力完成团队任务，团结一致向前看。
	民族章	知历史扬精神	1. 说出我国5个以上民族名称。 2. 收集体现民族团结友爱或民族独特风俗的小故事。 3. 做一件能体现中华民族伟大复兴的事。

七、建设"灵动空间",落实创客教育课程

"灵动空间"课程是落实学校办学理念,推进儿童向着美好天性发展的重要途径。落实创客教育,意在培养和激发每一个儿童的创造力、创新力,彰显独立的个性,挖掘独特的潜能,绽放生命的精彩。

(一)"灵动空间"课程的实施

我校"灵动空间"课程是以培养儿童知行合一的创新品质为核心,以创客学习与各级赛事活动为基础,让孩子参与其中,从而促进我校特色素质教育课程的发展。

"灵动空间"课程的建设,以"活动实践、高效思考"为基础。首先,我校选择从linkboy创客设计、蜀山区校园动手做、微剧场、合肥创客大赛等赛事出发,以活动为载体,以团队合作为方向,让孩子在实践活动中获得解决实际问题的能力。其次,我校建有适合儿童多种活动的空间教室。空间教室是儿童创客把梦想变为现实的地方,活动中要把以儿童为中心的思想贯穿整个学习中。创客空间是一个让儿童脑洞打开、奇思妙想的地方,儿童的梦想可以在创客空间实现。

(二)"灵动空间"课程的评价

根据我校"灵性树课程"的目标以及创客教育的特点,结合儿童的实际和课程进度安排,我们制定了"灵动空间"课程评价标准(见表6-15)。

表6-15　合肥市十里庙小学"灵动空间"课程评价表

评价要素	评价标准	自我评价 A	B	C	D	小组评价 A	B	C	D
学习态度	态度端正,有上进心,按时完成相关任务。								
应变能力	积极提问,发表看法,有较强的表达水平,能说清创作的过程,有较强的自我学习能力。								
动手能力	积极主动参与搭建过程,动作准确合理,搭建流程条理清晰,搭建结构既科学合理,又不失美观,使用创客设备与工具,对型材进行加工、修改,使用创客设备与工具时,操作规范熟练。								

（续表）

评价要素	评价标准	自我评价				小组评价			
		A	B	C	D	A	B	C	D
合作意识	在小组学习中能积极发挥作用，学会分享，主动探讨研究。								
探究意识	创新水平高，思维活跃，提出有建设性问题，操作熟练、安全，会简单维护相关物品。								
情感态度	操作过程规范，作品具有实用性和科学性，知道优缺点，学会分析完善作品。								
目标评价	任务（作品）完成水平。								
综合评价	自我评价				小组评价				
教师评价	评语：							年 月 日	

综上所述，学校以"灵动教育"哲学为课程建设的基点和源泉，提出课程理念，规划课程设置，落实课程实施，使得课程建设落地有根，支撑有干，发展有叶。"灵性树课程"的每一片叶都是独一无二、鲜绿动人的；相信遇见生动和美好，会让每一位儿童都能释放天性，在丰润的课程土壤里，向阳而生，尽情绽放。

（撰稿者：宋方达　李长红　王　琴　刘光荣　李先清）

第七章

行之有效，落实课程管理

课程管理在学校课程框架构建中极为重要，是确保学校课程框架顺利建构的重要基础。在学校课程框架构建过程中，不应该将关注点都集中在课程内容、课程实施、课程评价等方面，而应该更多地关注学校课程的管理。最新一轮课程改革提出的三级管理制度，在构建课程框架中赋予学校更大的主动性，深刻体现了开放、自由、民主的课改精神。

随着三级课程管理的深入发展，学校课程管理的重要性逐年凸显。三级管理系统更有利于学校自主管理课程，落实创造性课程，有效促进学生素质的提升和发展。学校在建构课程整体框架的过程中要形成极具自身特色的课程管理模式。

有关"课程管理"的定义，学界已有不少研究。部分人认为课程管理独立于课程主体之外，主要表现为静态的课程流向。

我们认为，课程管理是根据学校课程框架的设计开展有效管理与宏观调控的环节，并且课程管理在学校课程框架构建中极为重要，是确保学校课程框架顺利建构的重要基础。在学校课程框架构建过程中，不应该将关注点都集中在课程内容、课程实施、课程评价等方面，而应该更多地关注学校课程的管理。管理水平高低将直接影响课程框架实施效果，那么如何落实课程管理，我们有以下几点思考。

首先，树立明确的课程管理主体意识。这个主体不仅是学校的相关职能部门，还包括学生、教师、家长，主体应充分享有更多参与权。通过落实课程管理，更加合理地构建学校的整体课程框架，实现教师的专业成长和学生的全面发展。学校的管理者和教师对学校的教育哲学、教育信条、课程理念、课程目标等方面都应当有清晰的认识。

其次，建立完善的课程管理制度。制度建设是落实课程管理的基石。在正确的思想引领下，学校应该扎实推进课程管理组织与实施的建设。学校可以建立课程规划小组、开发小组、选课指导小组等组织结构，从学校层面为课程的有效管理创设完备的组织保障。同时，学校还可以建立自上而下的监督机制，鼓励各类主体对学校课程提出合理意见，欢迎家长们利用家长开放日或者平台留言等方式对课程落实情况展开讨论。学校根据各方面的反馈信息，加强落实课程管理，进一步完善课程框架建构。

最后，丰富师生考核评价形式。考核评价环节是落实课程管理不可或缺的一部分，是建构课程框架的创生点。学校管理者要狠抓教学、真抓课程，定期不定期地开展课程常规检查。备课组、教研组、课程组要经常开展各种形式的教研活动，推门听课制度做到常态化，检查作业批改、试卷分析等环节缺一不可。同时，教师对于学生的考核更是落实课程管理的重点环节。多元化的评价方式有利于学生的健康成长，例如成长档案袋评价、日常观察即时评价、学习成果展示等都是可取的选择。丰富多彩的师生考核评价形式将会提升学校的课程管理水平，确保课程框架顺利建构。

学校课程管理水平是影响课程框架建构的关键要素。学校管理者应对课程管理高度重视，通过各种举措有效落实。高效的课程管理才能保证多彩的课程有序开展，确保学校课程框架建构满足学生全面发展需求。

（撰稿者：吕碧雯）

学校坐标　合肥市黄山路小学
课程模式　美好派课程：向着美好奔跑

黄山路小学坐落于合肥市著名的黄潜望都市生活圈，毗邻陆军炮兵防空兵学院，与中国国防科技大学、合肥市科技馆、中国科技大学为邻，地理位置优越，文化氛围浓厚，社会资源丰富。学校师资力量雄厚，教学设施齐全。近年来，学校着力于品质提升和内涵发展，呈现出一校两部，共创美好的办学新格局。学校先后荣获"全国国防教育特色学校""全国国防教育示范校""全国青少年校园足球特色学校""安徽省语言文字规范化示范学校""安徽省书法教育实验学校""安徽省智慧化校园""合肥市素质教育示范校"等一系列荣誉称号。

第一节

向着美好奔跑

课程是学校"立德树人"的支撑点,是核心素养落地生根的载体,是激发师生潜能的内驱力。学校以"美好教育"哲学作为学校课程建设的原点,提出了课程理念,明确了育人目标,重新梳理了校训、校风、教风、学风,统一了教育信条,建构了学校课程模式,引领"美好少年"在逐梦的童年茁壮成长。

一、学校教育哲学

学校是助力成长的摇篮,是教师与学生认识他人、认识自己、认识社会的一片净土,是体验生活、感悟生命的桃园。学校教育应让孩子感受到教育的美好。"美好"是教育的本质追求,是一种理想、浪漫的教育境界。基于上述理解,我校确立了"美好教育"这一教育哲学。

美好教育是遵循教育规律和认知规律,以爱为底色,关注儿童身心发展的教育;美好教育是丰富的体验和创造,是向着美好生长的过程。基于此,我们提出了学校的办学理念"向着美好奔跑"——以儿童为主体,以认识生命、珍爱生命、绽放生命为主旨,在课程中开展提升自我,善待他人,报效社会的美好教育。

美好教育的目标:开创美好教育,呵护美好童年,描绘美好记忆,润泽美好人生;教育儿童珍惜生命,秉持积极的人生态度,学会尊重和创造生活,感悟生活的美好。在办学理念的指引下,我们带着"美好教育"的信仰和情怀,追求"教育,让生命更美好"的愿景共同制定了教育信条,统一了人性观、儿童观、教师观、教育观、学校观。

【我们的教育信条】

我们坚信，教育让生命更美好；
我们坚信，学校是美好的诞生地；
我们坚信，教育是与美好同行的生命历程；
我们坚信，让儿童向着美好奔跑是教育的神圣使命；
我们坚信，让每一个儿童遇见美好的自己是教育最美的姿态。

从"美好教育"之哲学出发，学校组织全体教师畅想"我心中的美好教育"，并将这些美好畅想浓缩成"美好教育80条"；我们组织全体儿童开展了"美好少年说"活动，让孩子们用童言童语来表达他们对美好的理解。我们从"美好教育"之哲学出发，面向全体师生征集学校的"三风一训"，即：

【校训】至善至美

【校风】和合共融　美美与共

【教风】诲人慧己　各得其美

【学风】勤而得法　美而不同

二、课程理念

为了培养"美好的人"，根据教育哲学和办学理念，学校确立了"让每一个孩子拥有自己的'美好派'"的课程发展方向，构建了"美好派课程"模式。"派"来源于数学符号π，是一个神奇的无限不循环数字，愿我们的课程像π一样丰富和深远；"派"是英文pie（馅饼）的音译，意思为美味的甜点，愿我们的课程呈现出的是一份不期而遇的香甜和美好；"派"还是英文party（派对）的音译简称，愿我们的每一门课程都是一次愉悦的相聚。丰富、香甜、愉悦，这是我们对美好派课程的美好勾勒。用美好的课程润泽美好的童年，我们将美好派课程理念定义为：让每一个孩子遇见美好的自己。我们认为：

——课程即美好相遇。课程实施的过程就是让每一个儿童与美好相遇。期待孩子们在这一个个美好的相遇中成就他们美好的人生。

——课程即适性体验。适合儿童个性，符合儿童成长需要的教育是最好的教育。发展儿童兴趣爱好，发挥他们的个性特长，课程不仅要为每一位儿童创造这样的学习机会，更要为他们搭建展示的舞台。

——课程即和谐共生。课程在帮助儿童发掘自身潜能，促使其和谐成长的同时，也能给教师提供多元化的发展机遇，促进师生的共同成长。

第二节

在奔跑中成就美好少年

学校课程目标以育人目标为导向，是育人目标的具体呈现。从"美好教育"出发，我们确立了学校的育人目标，并将育人目标细化落实到各学段的课程目标中，让美好少年在奔跑中成长、绽放。

一、学校育人目标

"立德树人"是教育的根本任务。依据国家教育方针，结合学校办学理念，我校将培养"德才兼备、智勇双全的美好少年"作为学校的育人目标。

德才兼备：以德御才，人人成才。德者，爱国、爱家、爱人、爱己。才者，能学、会学、善学、乐学。在美好派课程润泽下，黄山路小学的每一位学子都是可造之才，都是可用之才。

智勇双全：有胆识、有见识的身心健康之人。"智勇双全"之人具有强烈的社会责任感和求知欲，思维活跃；有发现、探索、掌握新事物的美好志向；有不畏艰难困苦的韧性；有独立判断和解决问题的智慧。

二、学校课程目标

为了培养"德才兼备、智勇双全"的美好少年，实现学校的育人目标，学校把课程目标按照学段进行分类与细化（见表7-1）。

表7-1 合肥市黄山路小学"美好派课程"各年级段课程目标表

育人目标＼年段目标	低 年 级	中 年 级	高 年 级
德才兼备	爱学校、爱集体；懂礼貌，敬老师；自己的事情自己做，有浓厚的学习兴趣。	爱家乡、爱社区；自觉遵守《小学生守则》和校纪校规，关心他人；能积极主动地学习，注重培养自己的兴趣爱好。	爱祖国、爱社会；有强烈的家国情怀和社会公民意识；自尊自爱、诚信友善；乐学、善学，有一定的学习力。
智勇双全	乐于动脑，初步养成听、说、读、写的良好习惯，能掌握基本的学习方法；敢于质疑，乐于表达自己的感受；能利用自己的聪明才智解决问题，在过程中不怕困难，不放弃，享受创造带来的快乐。	能积极参与课程学习，并保持对学习的浓厚兴趣；具有一定的文化积淀和人文情怀，会学习，善总结；能接受别人不同的意见和看法，具有反思的意识和能力。	能够独立自主完成学习任务，有一定的综合分析、批判质疑的能力；具有探求真理的韧性，能开展研究性学习；勇于克服困难，接受挑战。

第三节

将美好无限延伸绽放

一、学校课程逻辑

基于学校教育哲学、办学理念、课程理念,我们构建了"美好派课程"模式,以美好课堂、美好学科、美好节日、美好之旅等为路径推进课程实施,以此实现学校"德才兼备、智勇双全"的育人目标(见图7-1)。

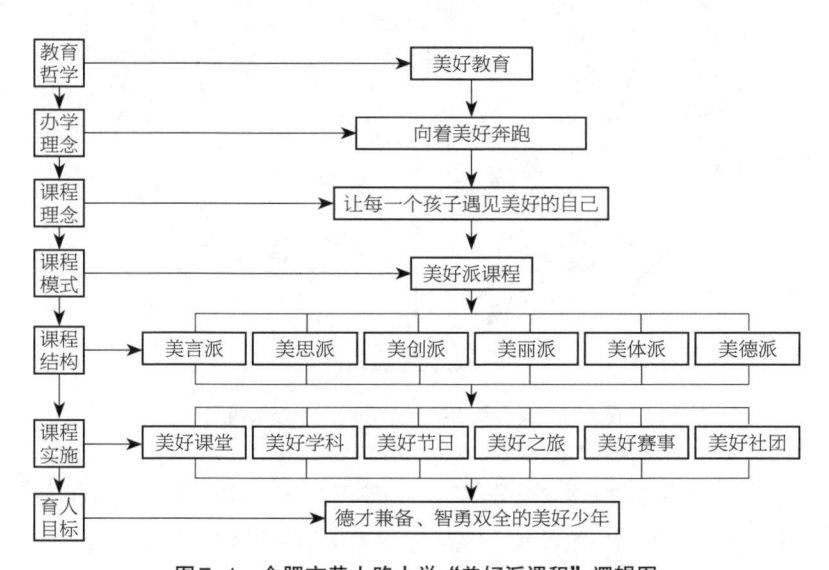

图7-1 合肥市黄山路小学"美好派课程"逻辑图

二、学校课程结构

依据多元智能理论,学校通过对现状的分析和思考,经过多轮交流,实行"扎实六部曲"的工作思路，即专家引领—初步梳理—教师讨论—重新建构—回炉修改—初步完成，最终梳理出由"语言与交流类""逻辑与思维类""科学与探索类""艺术与审美类""运动与健康类""自我与社会类"六大类美好派课程体系，从而将美好无限延伸。

"美好派课程"是将国家课程与学校"美好教育"相融合，整合形成的语言与交流课程（美言派课程）、逻辑与思维课程（美思派课程）、科学与探索课程（美创派课程）、艺术与审美课程（美丽派课程）、运动与健康课程（美体派课程）、自我与社会课程（美德派课程）六大领域课程体系（见图7-2）。

图7-2 黄山路小学"美好派"课程结构图

美言派课程即语言与交流类课程，包括语文、英语课程和学科拓展课程；美思派课程即逻辑与思维课程，包括数学和学科拓展课程；美创派课程即科学与探索课程，包括科学、信息技术、综合实践活动课程和学科拓展课程；美丽派课程即艺术与审美课程，包括美术、音乐和学科拓展课程；美体派课程即运动与健康课程，包括体育和学科拓展课程；美德派课程即自我与社会课程，包括道德与法治、心理健康和学科拓展课程。

三、学校课程设置

不同的人有不同的成长需求,自然也就需要不同的课程。我们坚持"向着美好奔跑"的办学理念,努力做到让我们的孩子各得其美,美而不同。为实现国家育人目标,培养全面发展的儿童,实现"德才兼备、智勇双全"学校育人目标,我们设置如下课程(见表7-2,表7-3,表7-4,表7-5,表7-6,表7-7)。

表7-2 合肥市黄山路小学一年级"美好派课程"内容设置表

课程	学期	必修课程	年级课程	课 程 目 标
美言派	上学期	语文英语	笠翁对韵	感受中国传统文化的韵律美和音乐美。
			连环画	以分享为目的,激励学生表达欲望,鼓励学生表达自我。
			古诗词积累	了解古诗或诗人背后的故事,更好地理解和诵读古诗。并通过诵读经典,增加一年级学生的识字量。
	下学期		绘本故事汇	让学生尽情体验用画面讲故事表达情感的乐趣。
			Arts Show	以分享为目的,激励学生表达欲望,鼓励学生表达自我。
			A little host	营造英语学习氛围,演练、展示,让孩子爱上表达。
			军旅作品	学习《三十六计》上。
美思派	上学期	数学	口算能手	能熟练地掌握20以内加减法的口算。
			巧思妙手(一)	通过拼搭,体会各种几何图形的特征,发展空间观念。
			分类我能行	学会整理自己的学习用品,在整理过程中养成良好的习惯。
			旅途数学	通过寻找旅途中的数学信息,综合运用已学的数学知识解决问题,感受数学无处不在。
	下学期		百数达人	能熟练地掌握100以内的加减法。
			巧思妙手(二)	发挥创造力和空间想象,在动手拼搭的过程中感悟数学学习的乐趣。
			小小售货员	通过和小伙伴交易家中闲置的物品,养成节约资源的行为习惯,增强团队意识。

（续表）

课程	学期	必修课程	年级课程	课 程 目 标
美创派	上学期	科学	我爱乐高（初级）	通过初级的拼装，让学生感受机器人学习的乐趣。
			Scratch编程（初级）	初步了解Scratch软件的界面，识记软件的主要模块，完成简单的程序设计。
	下学期		趣味小实验	通过动手做生活小实验，了解一些生活中的小常识。
			智能机器人（初级）	学习机器人的基本概念，认识机器人的发展、分类、基本结构等。
			军事装备	认识、了解通用枪械。
美丽派	上学期	音乐 美术	蓓蕾舞蹈	把音乐符号化为富有情绪的生动形象的游戏，在玩中学、在学中游。
			趣味拼贴画	使用七巧板和立体图形进行创意拼搭，培养学生的空间想象能力和创造力。
			非洲鼓	了解节奏、感受节奏，感受生命的活力。
	下学期		创意折纸	培养孩子们的观察力、创造力和动手能力以及有耐心的个性。
			小小竖笛	能够有表情地演奏简单的儿歌。
			儿童歌谣	培养儿童语言的连贯力和表达力，训练和发展思维，陶冶情操。
			军旅文化	学唱军歌。
美体派	上学期	体育	快乐足球（一）	采用小游戏、比赛等形式，培养兴趣，熟悉球性。
			速度轮滑	锻炼学生平衡感和反应能力，培养学生勇敢、不怕困难的品质。
	下学期		跆拳道入门	以武传德，让孩子谦敬礼让。
			快乐足球（二）	练习运球，掌握一些足球基本动作。
			军容军姿	练习队列。
美德派	上学期	道德与法治 心理健康 劳动	我们都是好朋友	提高人际交往能力，学会与同学友好相处。
			交往小达人	提高人际交往能力，尽快适应小学生活。
	下学期		光盘小达人	提高环境保护意识，学会节约粮食。
			军魂永驻	阅读《雷锋日记》上册。

表7-3 合肥市黄山路小学二年级"美好派课程"内容设置表

课程	学期	必修课程	年级课程	课程目标
美言派	上学期	语文 英语	三字经	学习国学经典,感受《三字经》的韵律美,丰富他们的知识面,发展语言。
			绘本故事	学习、赏析优秀绘本,创作主题绘本,让学生在赏析、改编、创作绘本的过程中提高语言运用能力,提升创新、想象力与合作能力。
			古诗小达人	感受古诗的音韵美,在潜移默化中受到熏陶,传承中华经典。
	下学期		看图写话	会看,获取图片的关键信息;会想,通过合理想象,使作文生动充实;会说,通过语言完整有条理地叙述图片内容;会写,能使用正确的表达符号进行书面表达。
			英语儿歌	学习经典英文童谣,听、读、诵、唱经典的英文童谣。
			Singing Show	带有童真地去表演、吟唱英文童谣。
			军旅作品	学习《三十六计》下册。
美思派	上学期	数学	口算小达人	能熟练地运用乘法口诀计算表内乘除法。
			趣味七巧板	通过操作、观察、比较和交流等学习活动加深学生对七巧板的认识。
			妙用身体	认识"身体尺",了解"身体尺"的含义。
			分不完的"余"	理解和掌握有余数的除法的算法和含义。
	下学期		初识尖尖角	借助三角尺等工具初步认识并判断出直角、锐角和钝角。
			我的好朋友	加深对好朋友的认识。
			我是小导游	组织学生开展"我是小导游"活动,培养学生的方向感;提高学生认识路线图的能力;掌握基本的生活技能。
美创派	上学期	科学	我爱乐高Scratch编程	了解传感器的工作原理。能模仿范例,完成脚本的编写。
	下学期		趣味小实验	学会做生活中15个有趣且简单的科学实验。
			智能初级机器人	学习机器人的初级控制。
			军事装备	认识陆军装备。

（续表）

课程	学期	必修课程	年级课程	课程目标
美丽派	上学期	音乐美术	超级黏土	发展儿童的想象力、动手能力以及创造力。
			悦耳竖笛	学习竖笛的音阶，掌握好各音的指法。
			百灵舞团	在舞蹈学习中练习力量、柔韧性、协调性等各方面身体素质，提高身体素质，培养审美情趣。
	下学期		巧思树叶画	利用树叶本身的形状和脉络，进行创作，培养儿童创造力。
			非洲鼓	能用打击乐器为歌曲伴奏、小合奏、大合奏。
			军旅文化	学唱军歌。
美体派	上学期	体育	活力啦啦操（一）	学习简单的动作，培养节奏感、协调性。
			传统武术（一）	学习基本步法、手型，发展协调性、灵敏性。
	下学期		传统武术（二）	学习基本步法，发展灵敏性、协调性。
			校园足球	在游戏、比赛中学习熟悉球性，引导学生自学自练。
			活力啦啦操（二）	通过对简单节奏及节拍的认知，培养学生运用所学知识进行简单创编活动的能力。
			军容军姿	学会正步走。
美德派	上学期	道德与法制	爱心小达人	培养关爱他人意识，学会体贴家人。
			我有好习惯	培养良好的习惯。
			国防月	学习队列练习。
	下学期		守纪小达人	培养遵守纪律观念，学会遵守校规、班规。
			我是集体中的一员	培养集体主义意识，知道为集体争光。
			军魂永驻	阅读《雷锋日记》下册。

表7-4　合肥市黄山路小学三年级"美好派课程"内容设置表

课程	学期	必修课程	年级课程	课程目标
美言派	上学期	语文	风俗礼仪	利用班队会时间对中华传统礼仪进行讲解，使学生知礼懂理，具备基本的礼仪修养。
			古诗词赏析	了解古诗的诗意，初步感受古诗的意境美。
			人物画像	引导学生抓住人物的主要特征表现人物的性格特征和精神品质，培养学生的观察能力。
	下学期	英语	英语儿歌	在欢快的旋律中培养学生对英语的兴趣。
			Reading Show	阅读和赏析经典有趣英文绘本，让学生在感受语言、分享阅读、小组角色演绎等活动中逐步提高阅读兴趣和自主阅读能力。
			推普员在行动	利用晨读的时间，推普员利用广播推广普通话，并检查各班晨读情况。
			军旅作品	学会赏析《边塞诗》。
美思派	上学期	数学	计算高手	精心设计口算题；笔算与估算相结合，关注估算。
			轻巧夺冠	再认识图形，用所学知识设计美丽的图案。
			巧算周长	由浅入深，由概念到分类计算，发散思维，计算周长。
	下学期		计算达人	结合口算与估算，正确计算两位数乘两位数，合理进行脱式计算。
			面积有多大	能用割补等方法，灵活计算不规则图形的面积。
			小小统计员	收集班内同学的各项数据，做分类整理，找出数据中所隐藏的信息。
			美丽年卡	根据年月日知识的学习，制作个性美丽的年卡。
			军事思想	了解中国古代著名战役。
美创派	上学期	科学综合实践	Mbot机器人编程（一）	机器人的原理、历史、应用等介绍，了解机器人基础知识。
			智能机器人（一）	传感器的深入学习与应用。
	下学期		Mbot机器人编程（二）	基本的编程知识学习。
			智能机器人（二）	语言的编程方法与操作。
			军事装备	认识海军装备。

（续表）

课程	学期	必修课程	年级课程	课程目标
美丽派	上学期	音乐美术	弦外之音	学习吉他，提高练习者的听力以及注意力。
			植物写生	通过对植物的写生，培养学生观察能力和造型能力。
			诗配画	给诗文配画，培养学生进一步领悟诗词的能力。
	下学期		扬帆管乐	在队形变换中进行音乐演奏，初步培养学生合作的能力。
			趣味编创	锻炼观察能力。
			五音阁合唱	在集体演唱中培养合作的能力，提高综合素质。
			军旅文化	学唱军歌。
美体派	上学期	体育	校园足球	掌握运球、停球、射门的脚法，了解简单规则。
			跆拳道（一）	学习跆拳道基本步法，了解规则。
	下学期		校园足球	在比赛中掌握运球、停球、射门的脚法，了解简单规则。
			跆拳道（二）	熟练掌握腿法、参与比赛表演。
			军容军姿	会跑步。
美德派	上学期	道德与法治心理健康	爱心小天使	提高关爱他人意识，知道奉献爱心。
			学会倾听	学会尊重、理解他人，并用合适的态度与语言表达看法。
	下学期		坚韧小达人	培养不怕吃苦、意志坚韧的品质。
			兴趣与爱好	引导学生认识自己，提高对学习的兴趣。
			军魂永驻	了解革命先烈事迹（上）。

表7-5　合肥市黄山路小学四年级"美好派课程"内容设置表

课程	学期	必修课程	年级课程	课程目标
美言派	上学期	语文 英语	经典小古文阅读（必修）	1.书籍：《小学生必备古诗词75首》；2.诵读技巧学习；3.重点诗歌赏析；4.诵读汇报。
			英语绘本阅读（选修）	通过听读模式的训练，积累语言文字、声音符号，使学生获取文本丰富有趣的信息，培养学生学习英语的积极性。
			宋词赏析之辛弃疾（必修）	以鉴赏为主，参加诵读并且讨论，了解辛弃疾诗歌特点。
	下学期		演讲竞技场（选修）	1.演讲技巧；2.演讲题目；3.检测方式：平时的课堂评价和期末的汇报成果展示。
			宋词赏析之李清照（必修）	选择自己欣赏的诗词名篇，学会赏析。
			故事续写（必修）	基于读者阅读能力、理解能力的提高，注重学生的创作能力的培养。
			军旅作品	赏析《最可爱的人》。
美思派	上学期	数学	巧算达人	能熟练计算两三位数除以两位数。
			翻滚吧，数学	探究小球向下滚动的距离与斜坡角度的关系。
			幸运大转盘	了解事物发生的可能性和可能性的大小。
			运动与身体	能统计简单的数据并分析数据背后蕴含的信息。
	下学期		神机妙算	掌握简单的运算律并使用运算律进行简便计算。
			玩转三角形	掌握三角形的基本特征并用相关知识解决实际问题。
			大数的秘密	认识亿以内的数的读法和写法，并了解大数表示的意义。
			"数码"宝贝	了解数字与信息的联系并探究身边的数码信息。
			军事思想	了解中国现当代著名战役。
美创派	上学期	科学 综合 实践 信息 技术	潇洒无人机（一）	学习了解无人机的原理、结构和制作工艺，熟悉基本的操控。
			Mbot机器人	运用模板完成基本的机器人任务。
	下学期		智能中级	运用语言的编写，实现机器人的操控。
			潇洒无人机（二）	熟悉低空无人机的飞行、降落、侧飞等操控，根据航拍的要求，学习所需技能，完成航拍等操作。
			军事装备	认识空军装备。

（续表）

课程	学期	必修课程	年级课程	课程目标
美丽派	上学期	音乐美术	民乐欣赏	培养写生具有欣赏美的能力。
			京韵戏曲	学习国粹，了解"国粹艺术"的人文价值，学唱经典曲目，学习京韵、动作。
			小小竖笛	学习竖笛的音阶，掌握好各音的指法。
	下学期		扬帆管乐	培养学生良好的乐器演奏水平，较强的表演意识。
			五音阁合唱	提高学生综合艺术修养。
			百灵舞团	培养学生各方面的体能素质和审美鉴赏的能力。
			军旅文化	学会赏析战争电影。
美体派	上学期	体育	校园足球	通过游戏、比赛，会左右脚曲线运球、停球、射门，脚内侧传球等技术。
			花样跳绳（一）	学习花样跳绳，创编单人、双人跳绳方法。
	下学期		活力啦啦操	练习中培养音乐节奏感，积极参与比赛。
			校园足球	通过游戏、比赛，会左右脚曲线运球、停球、射门，脚内侧传球等技术。
			花样跳绳（二）	通过对简单节奏及节拍的认知，培养学生运用所学知识进行简单创编活动的能力。
			军容军姿	学会敬礼。
美德派	上学期	道德与法治 心理健康 劳动	为自己打call	引导学生学会肯定自己，提高学生的自信心。
			我是家中小主人	培养学生的主人翁意识，提高自力自强的品质。
			感恩的心	培养学生学会感恩，学会发现他人的付出。
	下学期		和烦恼说bye bye	放飞烦恼，快乐地学习和生活。
			军魂永驻	了解革命先烈事迹（下）。

表7-6　合肥市黄山路小学五年级"美好派课程"内容设置表

课程	学期	必修课程	年级课程	课　程　目　标
美言派	上学期	语文 英语 阅读	经典小古文（必修）	读演、读讲、读咏、读诵结合，理解古诗文内容。
			国防教育之军事前沿（选修）	1.了解国旗、国徽、党旗、军旗图案的意义； 2.介绍英雄人物、英雄少年；教唱国防歌曲； 3.了解武器的基本种类。
			经典朗诵（选修）	以《小学生必背古诗词75首》《增广贤文》《论语》等国学经典内容为主；辅以古诗词名句等内容作为选读或推荐内容。
	下学期		古诗词赏析之毛泽东（必修）	了解毛泽东诗词的大意，初步感受毛泽东诗词的特点。
			小小讲解员（选修）	学习普通话的正确发音方式，进行气息、绕口令及仪态训练。
			Acting Show（选修）	通过歌舞、小品、诗朗诵、配音、戏剧、演讲等多种形式，用全英文展示英语能力和各种才艺。
			军旅作品	学习赏析《钢铁是怎样炼成的》。
美思派	上学期	数学	小数点大用处	能熟练正确地计算小数四则混合运算、会运用运算律进行一些简便运算。
			玩转钉子板	通过围一围的活动，发现在钉子板上围成的多边形的有趣规律。
			运动我最棒	调查学生健康体质测试的各项数据，制成合适的统计图，并会分析数据，引导学生自觉进行体育锻炼，增强体质。
			班级联欢会	经历一次班级联欢会的过程，引导学生开展调查、设计、购物、计算、比较等活动，锻炼实践能力，增强应用意识。
	下学期		神秘的未知数	使学生在具体情境中体会并理解字母表示数的意义，会用含字母的式子表示数量，并逐步建立符号意识。
			奇妙的圆	认识了解圆的特征，自主设计和绘制出圆形图案，感受圆形的美妙。
			蒜叶的生长	通过记录蒜叶的生长情况，绘制折线统计图，根据折线变化情况感受蒜苗生长周期。
			反弹空间	学生在测量球的反弹高度与下落高度的过程中，加深对分数有关知识的理解，增强合作意识。
			军事思想	阅读《孙子兵法》上。

（续表）

课程	学期	必修课程	年级课程	课程目标
美创派	上学期	科学综合实践信息技术	电脑编程（一）	学习Scratch编程的网络交流方法，上传、下载模板。
			科学DV制作（一）	学会摄像机的基本操作，完成一个短片的拍摄。
	下学期		智能竞赛机器人（二）	学习Scratch的公式运用，编写较复杂的程序。
			科学DV制作（二）	学会基本的视频剪辑技术和脚本的编写。
			军事装备	了解电子与通讯装备。
美丽派	上学期	音乐美术	戏曲欣赏	通过集体协作和学习，培养学生欣赏美的能力。
			创意折纸	培养学生的想象力、观察力和创造力。
			五音阁合唱	学习乐理知识，了解古今中外的音乐史，即兴唱谱的能力训练。
	下学期		面塑（非遗）	学习乐理知识，了解古今中外的音乐史，即兴唱谱的能力训练。
			京韵戏曲	学习国粹，了解"国粹艺术"的人文价值，学唱经典曲目，学习京韵、动作。
			百灵舞团	通过音乐、动作、表情、姿态表现内心世界，培养学生热爱舞蹈的意识，激发他们热爱生活，学会欣赏美、体验美。
			军旅文化	学会赏析战争电影。
美体派	上学期	体育	精彩足球	在比赛中熟练运用各种技术，了解2过1等简单战术。
			花样跳绳	学习集体跳长绳，发展体能。
	下学期		跆拳道	熟练运用所学技术，能参与到比赛中去。
			灌篮高手	熟悉球性，会左右手运球、双手投篮。
			创意啦啦操	创编简单动作，敢于展示自己。
			军容军姿	会做操。
美德派	上学期	道德与法治心理健康	环保小卫士	学会垃圾分类常识，提高环保意识。
			交往中的冲突	提高人际交往能力，掌握情绪调控的方法。
			我为家乡代言	培养学生家国情怀。
	下学期		团结力量大	培养团队意识，明白集体的重要性。
			军魂永驻	学习时代楷模事迹（上）。

表7-7　合肥市黄山路小学六年级"美好派课程"内容设置表

课程	学期	必修课程	年级课程	课程目标
美言派	上学期	语文英语阅读	经典小古文（必修）	改写小古文，办诗文手抄报，诵读小古文，交流经典诗文。
			英语绘本	1. 播放绘本故事，通过多媒体学习，激发学生绘本阅读兴趣；2. 设置问题，引导学生有效阅读；3. 推荐阅读书目，增加学生的阅读量；4. 师生共读，分享交流；5. 表演绘本故事，加深学习。
			I Can Show	通过歌舞、小品、诗朗诵、配音、戏剧、演讲等多种形式，展现英语能力。
	下学期		经典名著赏析（必修）	通过阅读经典名著，对比电视与原文等手法，体会名著的艺术魅力，激发学生热爱传统经典文化。
			军事前沿讲座（选修）	1. 了解中国人民解放军建军历史；2. 了解中国人民解放军不同时期的功绩；3. 了解祖国的疆域及周边国家。
			经典小古文	诵读小古文，改写小古文，办诗文手抄报，诵读小古文，交流经典诗文。
			军旅作品	学会赏析《红岩》。
美思派	上学期	数学	百发百中	能正确地计算整数、小数、分数、百分数混合运算，会运用运算律进行简便运算。
			玩转魔方	认识长方体、正方体的特征，并能解决它们的表面积和体积的相关实际问题，能利用图形的基本特征，设计和制作空间模型，发展学生的空间观念。
			E网时代	会结合实际问题情境，选择合适的统计图记录数据，掌握一些简单的数据处理技能。
			美图我秀	运用比和比例的知识，取图，修图，在操作过程中提高动手操作、解决问题、小组合作的能力。
	下学期		玩转陀螺	认识圆柱、圆锥的特征，体验立体图形在生活中的价值，并能解决圆柱、圆锥的表面积和体积的相关实际问题，能利用图形的形状、基本特征，设计和制作空间模型发展学生的空间观念。
			家庭支出我分析	会结合家庭实际问题情境，选择合适的统计图记录数据，经历数据的收集、整理和分析的过程。
			小小绘图师	运用数学知识绘制校园平面图，能正确使用测量工具准确地进行测量，制定合适的比例尺，提高综合运用的知识解决问题的能力。
			军事思想	学习《孙子兵法》下。
			科学DV制作（三）	分组完成一部科学DV的制作，并有一定的质量保证，参与科学影像节。

（续表）

课程	学期	必修课程	年级课程	课程目标
美创派	上学期	科学综合实践信息技术	智能竞赛机器人（四）	根据机器人大赛的题目，设计竞赛程序。
			电脑编程（二）	利用学习的编程知识，完成创意作品的制作。
	下学期		"创客"畅想	参与科技动手做、智能剧场、创客大赛等项目。理论用于实践。
			军事装备	了解一些战略武器。
			中外民歌欣赏	欣赏世界各地的民歌，体会世界文化的多样性。
美丽派	上学期	音乐美术	扬帆管乐	训练学生视谱、音准、节奏、力度、速度、音色等。提高乐队整体合奏能力。
			五音阁合唱	训练学生敏锐的视听力，以及准确、协调同步的反应能力。
			面塑（非遗）	增强孩子的动手能力。培养孩子手眼协调，促进手部肌肉发展。
	下学期		京韵戏曲	综合音乐、美术、舞蹈、形体、表演等多种学科的传统艺术，感受国粹的艺术魅力。
			百灵舞团	增强身体各个部位的协调能力，有利于身心健康，修身养性。
			军旅文化	学会赏析战争电影。
美体派	上学期	体育	魅力足球	学习八人制战术，了解阵型，熟练运用技术，分析比赛。
			乒乓球	通过社团学习，积极参与比赛，熟练运用基本技术。
			创意武术操（一）	熟练展示组合基本功，敢于展示自己。
	下学期		魅力足球	学习八人制战术，了解阵型，熟练运用技术，分析比赛。
			创意武术操（二）	团结协作，积极练习。
			军容军姿	学会军体拳。
			变身小厨神	培养学生生活能力，学会一道家常菜。
美德派	上学期	道德与法治心理健康劳动	关注青春期	了解青春期特点，建构健康的异性交往观念。
			我的童年记录册	引导学生关注同学情，树立正确的友情观念。
			我的童年记录册	引导学生关注同学情，树立正确的友情观念。
	下学期		母校情深	回顾六年的小学生活，培养学生爱母校、爱老师的情感。
			军魂永驻	了解时代楷模事迹（下）。

第四节

描绘课程的美好光芒

"美好派课程"的实施与评价是一个动态的过程。在这个过程中,实施与评价相辅相成;教师与儿童的发展和成长也相依相随、和谐共生。围绕"美好派课程"目标,我校将实施重基础、多样性、有层次、综合性的多元课程,体现"德、智、体、美、劳"五育的统整性与渗透性,描绘课程的美好光芒。

一、构建"美好课堂",有效落实学校课程

(一)"美好课堂"内涵

我们认为"美好课堂"应该具备三大特点,即和谐、差异、活力。

"美好课堂"是动态生成、和谐友好的课堂。美好课堂努力营造真实、和谐的教学氛围,制定精准的教学目标,形成平和自然的师生关系,促使共性与个性的统一,使儿童在知识掌握、能力发展、情感培养等方面都能得以协调发展。"美好课堂"关注学情,分层施教,关注儿童思维品质的发展,从知识点的传授到儿童习惯养成,一切教育教学行为均要有"对儿童美好的人生负责"的态度。

"美好课堂"是教学相长的课堂。美好课堂是以儿童为主导,在承认差异、尊重个性的前提下激发思维、焕发活力的课堂。在开放性问题的引领下,儿童有适合的思维空间,生生互动,师生互动,形成平衡和谐的师生关系和"和而不同"的课堂。

"美好课堂"是充满活力的课堂。在轻松民主的氛围中,活动内容有新意,儿童思维活跃,大家交流轻松,在寓教于乐的活动中,大家有心灵的交流,有思想的碰撞,在美好的课堂中,儿童变得自信、主动,课堂有生成。

学习由被动变成主动，思考和参与成为习惯。

（二）"美好课堂"的实施

学校坚持以教育科研为引领，以课例为载体，以课堂教学为抓手，推进学校"美好课堂"的有效实施。各学科组、备课组围绕"美好课堂"的特点和要义，进行集中备课。主要进行教材单元化教学设计，并针对教学实践梳理问题，汇总问题，并探讨方案，形成相对统一的教学设计。教研组以课例为抓手，集体研讨课堂教学的得失，进行二次备课，主要进行教材一体化教学设计，并针对学科的共性问题进行梳理、汇总，并探讨方案，确定最优教学策略。由学科骨干领衔的启明星工作室主要对难以在课堂教学中集中解决的难点进行综合性开发，努力在课程的拓展延伸和融合上对课程进行开发和设计。同时，借助"新进教师跟进课""年青教师研讨课""导师示范课"等，开展多层次的课堂教学活动，提升学校"美好课堂"品质，促进教师专业化发展。

（三）"美好课堂"的评价标准

有效的评价是课程顺利实施的保障。"美好课堂"的评价采用多元评价的方式，注重评价的可操作性，评价过程做到"公平、公正、公开、客观"。评价过程中关注教师与儿童的个体差异，并注意及时回馈评价信息，让评价成为课程的一部分（见表7-8）。

表7-8 合肥市黄山路小学"美好课堂"评价表

课题名称			授课教师	
内容	评价指标			评价结果
教学设计	目标	1.目标精准、指向明确、内容饱满，符合儿童认知水平。 2.围绕学科素养，注重培养儿童的学习习惯和学习能力。		
	内容	1.合理开发教材，体现立德树人的教育自觉。 2.教学环节有层次，符合逻辑，思路清晰。 3.教学内容合理、丰富，重难点突出，策略得法。		
教学过程		1.教学思路清晰，教学任务明确，重点、难点突出。 2.面向全体，关注差异，能根据学情以学定教。 3.有效利用评价，适时给予儿童指导和鼓励，激发学习兴趣。 4.课堂组织、调控能力强，课堂教学组织有序，张弛有度。 5.课堂氛围和谐、活跃，学习氛围浓。 6.教学扎实，方法得当，注重培养儿童思维能力、创新能力及意识。		

（续表）

内容	评价指标	评价结果
教学效果	1. 凸显学科特点，能较好地完成教学任务的同时，渗透"立德树人"意识。 2. 课堂气氛和谐，学习过程真实、和谐、融洽，大多数儿童能较好掌握教学内容。 3. 面向全体，关注差异，教学富有启发性、艺术性，不同层次儿童都能学有所得。	
教师表现	1. 能够因地制宜、合理地开发与利用教学资源。 2. 课堂上，教师能够创设适宜情境，实施教学活动。 3. 语言准确、有感染力；板书工整、合理。 4. 有较为丰富的组织协调能力，有良好独特的教学风格。 5. 能自觉地将信息化教学手段与学科教学合理地融合。	
课堂闪光点		课堂有待改进的方面

二、建设"美好学科"课程群，推进学科课程校本化实施

为深入推进学科课程实施，我校以国家基础课程为根本出发点，按照"1+X"课程结构积极构建"美好学科"六大课程群。即"本色语文"课程群、"美思数学"课程群、"FINE English"课程群、"智慧乒乓"课程群、"绘欣美术"课程群和"融美音乐"课程群。课程群的建设基于各学科课程标准，立足国家基础课程，对基础性课程进行拓展与延伸，是创生形态的儿童个性课程。"美好学科"课程群的实施，旨在进一步补充完善学科教学的不足，更好地挖掘教材，拓宽儿童的学习空间，体验新的学习方式，提升儿童的基础课程学习效能。

（一）"美好学科"课程群的建设路径

学科课程群是以基础学科为内核，以各学科素养为目标，开发课程资源，开放课程空间，将基础课程、拓展课程有序排列组合而成的课程群落。我们通过学科课程群的建设，进行课程的横向组合与纵向衔接，让点状、分散的知识点相互关联，形成知识体系。

目前，我们围绕学科素养的目标，打破学科界限，突破单一教学模式，

围绕主题，聚焦学习要素，进行整体化设计，开展综合性教学和开放性教学，逐渐形成"聚焦主题—知识融合—拓展延伸—再次整合"模式，让儿童在知识吸收、体验探究、实践运用和拓展延伸的过程中，将学科拓展课程和学科课程的知识串联起来，将知识与能力融合起来，最终达成提升学习效率，培养学科素养的目的。

1."本色语文"课程群。学校语文教研组依据《义务教育语文课程标准（2011年版）》，依托学情，从"乐阅读""美识写""喜交际""爱写作""会综合"等五个方面建构"本色语文"课程群。

2."美思数学"课程群。基于儿童未来发展所需要的关键能力和必备品格，依据《义务教育数学课程标准（2011年版）》，除了基础课程，数学教研组根据不同年级儿童的年龄特点设计和实施拓展类课程。

3."FINE English"课程群。"FINE English"课程的设计和实施遵循语言学习的渐进性和持续性的规律，做好学段间的衔接，根据《义务教育英语课程标准（2011年版）》中的等级要求，按照儿童的年龄特点、认知水平来组织课堂教学和进行评价活动。课程资源的多维开发、合理选择、优化整合，为课程的顺利实施提供保障。课程资源的共建、共享，为课程的可持续发展搭建桥梁。

4."智慧乒乓"课程群。学校的体育学科课程设置，遵循了体育教育教学和儿童成长发育的规律。基于体育与健康的四个方面和学校体育学科课程的实际，不断完善"智慧乒乓"的课程设置，进一步满足儿童个性化的学习需求，开发和培育儿童的潜能与特长，让儿童在快乐健康的学习中展现生命的精彩。

5."绘欣美术"课程群。学校依据《义务教育美术课程标准（2011年版）》，对课程内容进行重新梳理，在原有基础上，通过创设快乐、轻松、和谐的学习氛围，从儿童实际出发，针对不同年龄层次儿童的发展需要，利用看、听、说、演、玩、画、做等教学手段对儿童进行美术教学。让儿童感受艺术的魅力，收获审美智慧。

6."融美音乐"课程群。依据《义务教育音乐课程标准（2011年版）》，根据现有教材研究归纳，针对不同年龄段儿童实施拓展课程，拓展课程包含课堂内的延伸课堂以及课堂外的拓展课堂，具体包括"融美延伸课堂""融美社团""融美节日""融美音乐荟"。

（二）"美好学科"课程群的评价要求

课程群的评价体系是课程群建设的有力保障。"美好学科"课程群的评价标准主要有：

1. 课程有逻辑架构、内容丰富。以国家课程为原点，通过"美好课堂"积极开发丰富多样的拓展类的课程。

2. 课程目标要明确。以立德树人为宗旨，落实学科素养及学校的育人目标。

3. 课程实施要形式多样，方法得当，能提升儿童的学习兴趣。

4. 课程评价要科学、易操作，体现科学、多元、规范性。

以过程性的动态评价和综合性（展示）评价相结合的方式，对课程进行全面、客观、动态的评价。既要对教学设计、其他过程性资料进行审阅，也需以展示课、成果展等方式汇报，还需要对参与儿童进行课程满意度的问卷反馈。最后综合评价、考量课程的科学性、合理性，分成优秀、良好、合格三个等级（见表7-9）。

表7-9 合肥市黄山路小学"美好学科"课程评价表

评估维度	评估标准	评估方式	课程分值
课程目标（20分）	目标指向清晰，与儿童年龄特点相符合，与学科的课程标准一致，与学科素养一致。	查看课程方案	
课程内容（30分）	课程内容丰富，有梯度。适合儿童学习，学习资源丰富，形式多样。	查看课程设置、常规巡课	
课程实施（30分）	课时安排合理，方法得当，措施有力，组织有序，儿童接受程度高。	"美好课堂"评价、常规巡课	
课程评价（20分）	评价内容具体，注重动态评价，评价方式多样、全面。	"美好课堂"展示成果、展示儿童反馈	

三、约定"美好节日"，创设学校课程实施氛围

节日是文化的一种，节日文化课程可以彰显学校文化特色，为儿童的全面发展提供充足的养料。

（一）"美好节日"的主要类型及课程设置

每个节日都有特定的内涵，"美好节日"主要分为中国传统节日、重要的纪念节日、重大的活动节日、特殊的学科节日四大类型。中国传统节日有春节、元宵节、清明节、端午节、中秋节、重阳节等；重要的纪念节日有"国庆节""建军节""雷锋月""母亲节""父亲节"等；重大的活动节日有开学典礼、入队仪式、六一儿童节、美好嘉年华义卖活动日等；学科节日有本色语文的"月读·阅美"读书月，美思数学的"数学嘉年华欢乐节"，健智体育的"校园足球节"，英语学科的"美好party嘉年华"，音乐学科的"新年音乐节"，科学学科的"校园科技节"等。每一个"美好节日"都有相应的课程活动。"美好节日"课程设置如下（见表7-10）。

表7-10　合肥市黄山路小学"美好节日"课程设置表

课程分类	节　日	主　题	活　　　动
传统节日	春节	喜迎新春	1.动手实践，亲身体验春节的美好（包饺子、贴春联、拜年……）2.分享美好的瞬间
	元宵节	欢度元宵	实践体验元宵节的热闹（猜灯谜、制作灯笼……）
	清明节	寄托哀思	扫墓、缅怀先烈
	端午节	端午安康	了解当地端午风俗
	中秋节	遥寄情思	给远方亲人的一声问候
	重阳节	尊老敬老	敬重老人、关心老人、陪伴老人，用心帮助他们做些有意义的事情
纪念节日	国庆节	举国同庆	我用我的方式庆国庆
	雷锋月	追寻足迹	社区雷锋在行动
	建军节	军旗飘飘	走进军营
	父亲节	父爱如山	给爸爸写封信
	母亲节	无私母爱	说说妈妈的五大优点
活动节日	开学典礼	开学季	开学第一课
	入队仪式	党是阳光我是苗	入队仪式
	儿童节	美好童年	六一汇演
	创客义卖	爱的奉献	校园义卖，爱心捐款
	毕业季	难忘母校	毕业典礼

（续表）

课程分类	节日	主题	活动
学科节日	"月读·阅美"读书节	书香校园	分年级开展阅读主题系列活动
	数学嘉年华	生活数学	快乐淘吧
	校园足球节	快乐足球	校园足球联赛
	新年音乐会	美悦唱响	新年汇报演出
	校园科技节	美创科技	科技动手做
	FINE英语节	英语风采	英语风采口语大赛

（二）"美好节日"课程的评价

为了开发节日文化，增加"美好节日"教育影响，"美好节日"课程的评价要求如下：

1. 展演类的活动由全体师生不记名投票分出等级，体现评价的民主性、公平性、客观性。

2. 手抄报、电子报呈现的作品择优后进行展示，用这些优秀作品装饰校园、美化校园，提升儿童的文化认同感，激发儿童的自信心。

3. 体验类的活动可以运用"活动日记"或者"活动反思"来记录儿童对活动的感受，丰富儿童对节日课程的认识，优秀作品在学校橱窗进行展示。

四、踏上"美好之旅"，落实社会实践课程

社会实践不仅可以让儿童增加生活体验，加深认识，也有很好的教育意义。

（一）"美好之旅"的课程设计

根据儿童成长的需求，"美好之旅"课程包括一年一度走进大自然的"踏青"春游、"采撷"秋游；跟着课本游览祖国大好河山的"假期亲子游"；感受多彩生活的实地参观工业游；走进科技馆、博物馆等馆所的文化游；走进军营的国防游；走进社区的实践游和专项体验的夏令营，具体如下（见表7-11）。

表7-11　合肥市黄山路小学"美好之旅"课程设置表

年级	学期	主题	地点	目的
一年级	第一学期	国防天地	陆军炮兵防空兵学院	增强国防知识。
	第二学期	科技生活	合肥市科技馆	了解、感受科技的魅力，激发对科学的热爱。
二年级	第一学期	我的家乡	徽园	了解安徽的文化，激发对家乡的热爱之情。
	第二学期		肥西三河	
三年级	第一学期	我的家乡	巢湖三瓜公社	领略家乡的风貌，激发对家乡的热爱。
	第二学期		巢湖紫薇洞	
四年级	第一学期	名人故里	李鸿章故居	了解家乡名人，感受家乡荣耀。
	第二学期		包公祠	
五年级	第一学期	我的家乡	黄山	领略家乡好风光，激发对家乡的热爱之情。
	第二学期			
六年级	第一学期	红色之旅	金寨	沿着革命先烈的足迹，感受他们的丰功伟绩。
	第二学期		皖南事变烈士陵园	

（二）"美好之旅"的课程评价

为更好地规划课程内容，促进儿童在活动中自我教育、自我学习的能力，提高"美好之旅"的课程质量，"美好之旅"的课程评价要求如下：

1. "美好之旅"的课程评价可以从"活动过程记录""活动中的自我表现""他人评价"进行分类评价。评价等级可以分为"美好""良好"两个等级。

2. "美好之旅"呈现的作品，按照类型（文字、图片、视频）分别进行展示，让"美好之旅"留下美好的印记。

3. 根据"美好之旅"的活动方案设计、儿童欢迎程度、活动的影响及意义对"美好之旅"课程内容进行评估，优秀的课程将作为下一年"美好之旅"的保留节目。有待更新的课程设为待定课程，如有更好的课程，将取而代之。

五、推行"美好赛事"，激发儿童参与课程的兴趣

"以赛促学""以赛促教"。学校多方筹备"美好赛事"，激发儿童参与课程的兴趣与热情。

（一）"美好赛事"的实践操作

"美好赛事"在实践操作过程中，要做到有组织、有策划、有方案、有规则、有评价，活动过程要规范完善。各课程类别的赛事安排见表7-12。

表7-12 合肥市黄山路小学"美好赛事"统计表

课程类别	赛 事 活 动
美言派	校园课本剧表演、讲故事比赛、主题演讲、古诗词大会、朗诵比赛、主题征文
美思派	运算小达人、解题大擂台、数学演讲家
美创派	校园科技动手做、无人机大赛、编程能手
美丽派	红歌赛、校园小歌手、新春音乐会、科幻画比赛
美体派	田径运动会、三操比赛、校园足球联赛、军事五项拉练赛
美德派	系鞋带比赛、系红领巾能手、叠衣服大赛

（二）"美好赛事"的评价要求

"美好赛事"把具体的比赛活动项目作为课程内容，有具体的比赛规则，有客观、公平、公正的评价。"美好赛事"的内容要有针对性、科学性；"美好赛事"的形式要多样，符合儿童的特点；"美好赛事"的组织要规范，过程要严谨。具体要求如下：

1. 比赛要体现"以人为本"的理念。教师在活动中，要注意角色的转换，要有服务的意识。

2. 比赛要具有"客观、公平、公正"的规则。每项赛事，都要制定详细而完备的赛事方案，尤其对比赛规则的制定，要有科学的评分标准，保证赛事公平公正。

3. 比赛的形式要喜闻乐见。比赛不能为了比赛而比赛，比赛的内容要有情景，精心设计环节，要受大家欢迎。

4. 比赛要面向全体儿童，并能关注不同层次儿童的需要，体现激励原则。

六、建设"美好社团"，发展学生兴趣爱好

社团活动是学科教学的延伸，它注重儿童个性与特长的培养，可以弥补课堂教学的不足，进一步打开儿童的思维，激发儿童探究的兴趣，提升儿童素质，推动学校课程建设。

（一）"美好社团"的主要类型（见表7-13）。

表7-13　合肥市黄山路小学"美好社团"课程设置表

课程类别	社 团 名 称
美言派	翰墨书法社团、小作家社团、悦唱歌谣社团、悦读社团
美思派	美思数独社团、美思图形社团、美思七巧社团
美创派	3D打印社团、机器人社团
美丽派	面塑社团、戏曲社团、五音阁合唱社团、扬帆行进管乐社团
美体派	乒乓球社团、校园足球社团、击剑社团、跆拳道社团
美德派	雏鹰假日小队、小红帽社团

（二）"美好社团"的评价要求

本着规范管理，赏识教育的原则，我们对"美好社团"做了如下要求：

1. 教导处不定期进行常规检查，辅导教师根据儿童的学习需求，对课程内容进行完善。辅导教师严格遵守课程要求，按时到岗，认真履行自己的工作职责。

2. 各社团管理制度要完善。每个社团都要有自己详实的训练计划、训练内容和评价方式。

3. 学校每学期通过社团展示，评选优秀社团。

4. 学校主要依据社团的组织情况和社团成果，推荐优秀社团参加区级和市级社团嘉年华展演和评比。

七、打造"特邀嘉宾"课堂，丰富课程体系

在"美好派课程"建设过程中，我校一直主张学校课程建设要积极吸纳与引进社会和家庭的优质资源，以此丰富学校课程内涵，补足学校现有课程的短板。为此，我们广发"英雄帖"，号召家长参与学校的课程开发和实施。为此，我们设立了"特邀嘉宾课堂"，携手家长共同办教育。"特邀嘉宾课堂"不仅打开了亲子教育的一扇窗，促进了家庭和谐，提升家庭幸福指数，也填补了学校许多专业课程的空白。"特邀嘉宾课堂"体现了家校携手共同促进儿童发展的趋势，如今，它已成为我校一大办学特色。

（一）"特邀嘉宾"课堂内容设置

在"家长开放日"等开门办学措施的基础上，学校进一步开放校园，积极打造"特邀嘉宾"课堂。围绕儿童的成长需要，结合家长的专业特长，我们把"特邀嘉宾"课堂分为"特邀嘉宾"国防课程、"特邀嘉宾"安全与健康课程、"特邀嘉宾"心理与交际课程、"特邀嘉宾"艺术与生活课程、"特邀嘉宾"科普课程、"特邀嘉宾"金融与管理课程、"特邀嘉宾"传统文化课程七大板块。

（二）"特邀嘉宾"课堂实施路径

为打造"特邀嘉宾"课堂品牌，学校先向全体家长们发出了"特邀嘉宾"课堂招募书，对家长申报的课程进行可行性评估。对于评估通过的课程，再进行分类统筹安排。其次，学校对"特邀嘉宾"课堂的开设有统一的布置与要求，有方案，重落实。既关注过程，也重视教育影响。"特邀嘉宾"课堂有自行设计的logo，形成特有的课程文化标志。对承担"特邀嘉宾课堂"课程任务的家长，学校将颁发荣誉证书作为纪念。

总之，我们围绕"向着美好奔跑"的办学理念，引导教师将办学理念具体落实于教育教学实践中，实现学校"德才兼备、智勇双全"的育人目标。学校以"美好教育"为目标，通过课程的开发，增强师生的文化自信，提升师生的专业发展，通过"美好团队""启明星工作室"等团队协同合作的活动凝聚人心，提升教育品质。

（撰稿者：余国飞　朱广艳）

后记

任何一个美好课程愿景的实现，都必须经历一个艰苦的历程。2016年，全国首届中小学品质课程研讨会在合肥蜀山召开，这是蜀山品质课程第一次领衔站了全国品质课程建设的舞台上，让来自全国各地学校的普通教育者们轻触到"品质课程"，大家在讶然于品质课程独有魅力的同时，静静地将蜀山品质课程的独有经验带回自己的学校，这场听觉盛宴如一场暖流给予聆听者温暖。六年来，蜀山教育积极推行各具特色的品质课程，不仅从教学内容和学习方式进行变革，最重要的是变革实施者的行为和思维方式。

为全面提升我区中小学校品质，满足人民群众对优质教育的迫切需求，我区率先对课程建设进行设计。任何课程设计，首先都必须确定好每个学校的整体课程框架。伴随着众多读者热切的期待，我们在通识性书籍的基础上编写了《建构学校课程框架》这本书。

本书分为七章，围绕建构学校课程框架这一主题，按照课程来源、课程理念、课程目标、课程内容、课程实施、课程评价、课程管理这七个有序逻辑展开。阐述了稻香村小学"不闻荷香闻稻香"的"稻香村课程"；琥珀中学教育集团"让每一个孩子成为美丽的琥珀"的"灵性课程"；凤凰城小学"让每个孩子成为展翅的凤凰"的"小凤凰课程"；侯店小学"书山问道有情，乡间耕读溢爱"的"蒲公英课程"；颐和中学"让每一个孩子感受美好年华"的"怡美课程"；十里庙小学"让每一个孩子尽情释放天性"的"灵性树课程"以及黄山路小学"向着美好奔跑"的"美好派课程"。这些都完整展示了蜀山区品质课程学校设计出的特色课程框架。每一所学校创立了自己的学校教育哲学，明确了学校的课程理念，拟定了学校的课程目标，设置了学校的课程结构，规划了学校的课程实施路径，落实了学校的课程管理，打造出了具有学校特色的课程体系。

总之，我们努力做到品质课程理论的先进性、结构的严谨性、应用的广泛性和内涵的思辨性，让一点一滴的蜀山课程结成硕果。同时希望能够帮助读者，为学校课程开发和建设提供一种一以贯之的整体思路和框架。

本书在编写过程中得到了合肥市蜀山区教育体育局和上海市教育科学研究院品质课程团队的大力支持，感谢杨四耕教授在线上线下对我们的无私指导和帮助，感谢参加编写这本书的学校和老师们的付出和努力！

王慧珍

2021 年 5 月 12 日

"品质课程"阅读书目

学校整体课程规划	978-7-5760-0423-6	48.00	2022 年 1 月
推进育人方式变革的区域教学改进研究	978-7-5760-2314-5	56.00	2021 年 12 月
学校整体课程规划的七个关键	978-7-5760-0424-3	62.00	2021 年 3 月
课堂教学的 30 个微技术	978-7-5760-1043-5	52.00	2020 年 12 月
教学诠释学	978-7-5760-0394-9	42.00	2020 年 9 月
原点教学：提升区域育人质量的策略研究	978-7-5760-0212-6	56.00	2020 年 8 月

品质课程聚焦丛书

自组织课程：语文学科课程群新视角	978-7-5760-1796-0	48.00	2021 年 12 月
数学作为学习共同体：一种新的数学课程观	978-7-5760-1746-5	52.00	2021 年 12 月
学科育人的整体课程范式	978-7-5760-2290-2	46.00	2021 年 12 月
聚焦育人质量的学科课程设计	978-7-5760-2288-9	42.00	2021 年 11 月
活跃的学习图景：学校课程深度实施	978-7-5760-2287-2	48.00	2021 年 11 月
学科文化：英语学科课程新视角	978-7-5760-2289-6	48.00	2021 年 12 月
课程联结：学科课程群设计方法	978-7-5760-2285-8	44.00	2021 年 12 月
数学学科课程决策：专业视角	978-7-5760-2286-5	40.00	2021 年 12 月
特色项目课程：体育特色课程的校本建构	978-7-5760-2316-9	36.00	2021 年 12 月
进阶式探究课程设计：学科整合视角	978-7-5760-2315-2	38.00	2021 年 12 月

学校课程发展精品丛书

学科课程群与全经验学习	978-7-5760-0583-7	48.00	2021 年 1 月
育人目标与课程逻辑	978-7-5760-0640-7	52.00	2021 年 2 月
学科课程与深度学习	978-7-5760-0505-9	52.00	2021 年 2 月
学校课程的文化表情：百花园课程的学科指向与深度实施	978-7-5760-0677-3	38.00	2021 年 2 月
学校文化与课程变革	978-7-5760-0544-8	62.00	2021 年 2 月
语文天生重要：语文学科课程群设计	978-7-5760-0655-1	44.00	2021 年 2 月
五育并举的课程体系：致良知课程的旨趣与探索	978-7-5760-0692-6	48.00	2021 年 1 月

学科课程与育人质量	978-7-5760-0654-4	48.00	2021 年 1 月
在地文化与课程图谱	978-7-5760-0718-3	46.00	2021 年 2 月
中观课程设计与学科课程发展	978-7-5760-0624-7	36.00	2021 年 1 月
大教学：英语学科核心素养培育的课程模式	978-7-5760-0462-5	46.00	2021 年 1 月

特色学校聚焦丛书

儿童是天生的探索者：360°科学启蒙教育	978-7-5675-9273-5	36.00	2020 年 2 月
做精神灿烂的教师：教师自我成长的 5 个密码	978-7-5760-0367-3	34.00	2020 年 7 月
让教育温暖而芬芳	978-7-5760-0537-0	36.00	2020 年 9 月
快乐教育与内涵生长	978-7-5760-0517-2	46.00	2020 年 12 月
故事教育与儿童发展	978-7-5760-0671-1	39.00	2021 年 1 月
美好教育：学校内涵发展的循证研究	978-7-5760-0866-1	34.00	2021 年 3 月
把美好种进儿童心田	978-7-5760-0535-6	36.00	2021 年 3 月
倾听生命的天籁："天籁教育"的实践与探索	978-7-5760-1433-4	38.00	2021 年 9 月
为了每一个孩子的美好心愿	978-7-5760-1734-2	50.00	2021 年 9 月
向着优秀生长："模范教育"的理念与实践	978-7-5760-1827-1	36.00	2021 年 11 月
让个性自然发荣滋长："引发教育"的理论寻源与实践探索	978-7-5760-2600-9	38.00	2022 年 3 月

跨学科课程丛书

大情境课程：主题设计与创意评价	978-7-5760-0210-2	44.00	2020 年 5 月
社会参与素养的培育模型与干预机制	978-7-5760-0211-9	36.00	2020 年 5 月
大概念课程：幼儿园特色主题活动设计	978-7-5760-0656-8	52.00	2020 年 8 月
项目学习：进入学科的课程智慧	978-7-5760-0578-3	38.00	2021 年 4 月
STEAM 课程的设计与实施	978-7-5760-1747-2	52.00	2021 年 10 月
幼儿个性化运动课程	978-7-5760-1825-7	56.00	2021 年 11 月
幼儿园特色课程的框架与实施	978-7-5760-2598-9	48.00	2022 年 3 月

核心素养导向的课堂教学丛书

转识成智的课堂教学：核心素养导向的历史教学	978-7-5760-0164-8	40.00	2020 年 5 月

书名	ISBN	定价	出版时间
学导式教学：学会学习的教学范式	978-7-5760-0278-2	42.00	2020年7月
高阶思维教学的关键技术	978-7-5760-0526-4	42.00	2021年1月
会呼吸的语文课：有氧语文的旨趣与实践	978-7-5760-1312-2	42.00	2021年5月
高阶思维教学的核心指向	978-7-5760-1518-8	38.00	2021年7月
磁性课堂：劳动技术课就这样上	978-7-5760-1528-7	42.00	2021年7月
核心素养导向的作业设计	978-7-5760-1609-3	40.00	2021年8月
语文，让精神更明亮	978-7-5760-1510-2	42.00	2021年9月
"六会"教学法：基于核心素养的课堂教学	978-7-5760-1522-5	42.00	2021年9月

特色课程建设丛书

书名	ISBN	定价	出版时间
教师，生长的课程	978-7-5760-0609-4	34.00	2020年12月
学校课程发展的实践范式	978-7-5760-0717-6	46.00	2020年12月
丰富学习经历：如歌式课程的愿景与深度	978-7-5760-0785-5	42.00	2020年12月
学科课程群设计方法	978-7-5760-0579-0	44.00	2021年3月
学校美育课程的立体建构：菁华园课程的逻辑与框架	978-7-5760-0610-0	36.00	2021年3月
关键学习素养与学科课程设计	978-7-5760-1208-8	34.00	2021年4月
学校课程设计：愿景建构与深度实施	978-7-5760-1429-7	52.00	2021年4月
生长性课程：看见儿童生长的力量	978-7-5760-1430-3	52.00	2021年4月
"慧阅读"课程：儿童视角	978-7-5760-1608-6	42.00	2021年6月
诗意栖居的课程愿景：智慧岛课程的逻辑与深度	978-7-5760-1431-0	44.00	2021年7月
每一个孩子都是最重要的人：V-I-P课程的内在意蕴与学科视角	978-7-5760-1826-4	54.00	2021年8月
给每一个孩子带得走的能力：井养式课程的旨趣与探索	978-7-5760-1813-4	42.00	2021年10月
指向核心素养的课程统整框架：I AM BEST课程的学科之维	978-7-5760-1679-6	48.00	2021年11月